Silke Schöps

66 Spielideen Chemie

einfach, kreativ, motivierend

2. Auflage 2022

Autor*innen: Silke Schöps
Illustrationen: Corina Beurenmeister, Satzpunkt Ursula Ewert GmbH, Julia Flasche, Steffen Jähde, Hendrik Kranenberg, Denise Müller, Thorsten Trantow
Satz: Fotosatz H. Buck, Kumhausen
Druck und Bindung: Korrekt Nyomdaipari Kft.
ISBN 978-3-403-**08192**-0

www.auer-verlag.de

Inhalt

Liebe Kolleginnen und Kollegen,

Lernspiele ermöglichen es, die dem Spiel eigene Motivation dafür zu nutzen, fachliche Lerninhalte mit zu vermitteln.

Damit ein Spiel den gewünschten Lern- bzw. Übungseffekt erreicht, muss es den Schülern[1] so viel Freude bereiten, dass sie es als echtes, vollwertiges Spiel erleben.

Das vorliegende Buch bietet eine Auswahl an Spielideen für den Chemieunterricht in allen Schulformen.

An folgenden Symbolen erkennen Sie, für welche Sozialform sich die jeweilige Spielidee besonders eignet:

 = Einzelarbeit

 = Partnerarbeit

 = Gruppenarbeit / ganze Klasse

Für eine leichte Auswahl und schnelle Vorbereitung der Spiele dienen folgende Symbole:

 Ungefährer Zeitbedarf der Methode, der je nach Klassensituation, Thematik etc. stark variieren kann

 Benötigte Materialien

 Vorbereitung

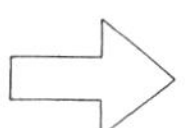 Zielsetzung der Methode

Im Anschluss an die kurze Auflistung nötiger Vorbereitungen, Grundideen und Ziele folgt eine Beschreibung des Spiels. Beispiele zeigen konkrete Anwendungsmöglichkeiten im Chemieunterricht.

Viel Erfolg beim Umsetzen der Spielideen in Ihrem Unterricht und begeisterte Schüler wünscht Ihnen

Silke Schöps

---

1 Aufgrund der besseren Lesbarkeit ist in diesem Buch mit Schüler auch immer Schülerin gemeint, ebenso verhält es sich mit Lehrer und Lehrerin etc.

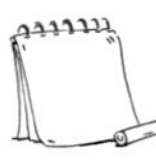

Abbildungen chemischer Stoffe, verschiedene kleine Alltagsgegenstände, leere Verpackungen von Reinigern / Shampoo / Duschbad / Farben / Getränken / Früchten etc., Schuhkarton oder undurchsichtige Box

Bilder von chemischen Stoffen sammeln (in DIN-A5-Format ausdrucken, auf Pappe aufkleben oder laminieren)

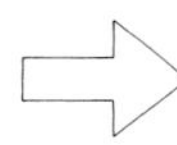

Motivierung, Aktivierung von Wissen, Einführung in das Fach Chemie oder in ein einzelnes Themengebiet

Spielverlauf:
Ein Schüler beginnt und nimmt einen „Schatz" (Bild oder Gegenstand) aus der Schatzkiste. Er stellt seinen „Schatz" der Klasse vor, indem er beschreibt, welcher chemische Stoff (bei Bildern) oder welcher chemische Vorgang diesem „Schatz" zuzuordnen ist, welchem Bereich der Chemie sein „Schatz" angehört und wo man diesem im Alltag noch begegnen kann.

Hinweis: Die Beschreibungskriterien für die Schüler zuvor an der Tafel fixieren.

Beispiele:
Abbildungen:
Kohle, verschiedene Metalle oder Metallgegenstände wie Schmuck oder Gebrauchsgegenstände, chemische Stoffe

Gegenstände:
Leere Behälter von Alltagsgegenständen wie Duschbad, Shampoo, Waschpulver, Reinigern, Kochsalz. Kleine Gegenstände wie eine Plastikbox, Batterie, Schlüssel, Seife, Radiergummi, Büroklammer

offer packen

20 Min. | Kl. 5 – 10

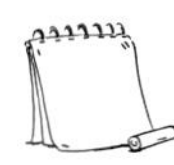

Alter Koffer (Spielzeugkoffer, alternativ Schuhkarton oder Plastikbox), Blankokarten im Postkartenformat

keine

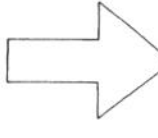

Motivierung und Aktivierung von Wissen

Spielverlauf:
Jeder Schüler erhält zwei Postkarten.
Vom Lehrer wird der Arbeitsauftrag bekanntgegeben. „Wir wollen auf eine geheime Mission. Dafür brauchen wir unterschiedliche Chemikalien, Stoffe oder Materialien. Allerdings dürfen diese bei der Zollkontrolle nicht offensichtlich sein. Überlegt euch, in welchen Alltagsgegenständen unterschiedliche Stoffe vorkommen, sodass wir diese unauffällig mitnehmen können. Notiert diese auf den bereitgelegten Postkarten und packt sie in den Koffer."

Beispiel:

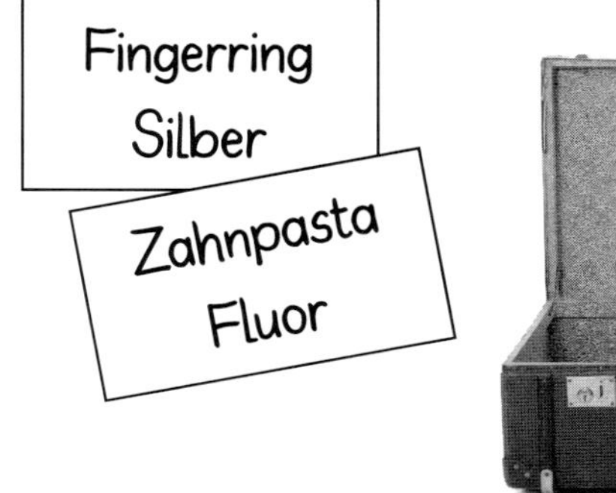

© Vladimir Voronin – stock.adobe.com

Thementopf

20 Min.

Kl. 6–8

 Themenkarten, Topf

 Themenkarten vorbereiten

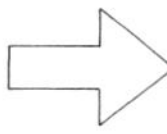 Motivierung und Aktivierung von Wissen, Recherchieren, Präsentieren, Kommunizieren, Planung von Experimenten

Spielverlauf:

Variante 1:

In einem Topf befinden sich verschiedene Themenkarten in mehrfacher Ausführung zu einem Oberthema. Die einzelnen Themenkarten grenzen sich dabei farblich voneinander ab. Jeder Schüler zieht zwei verschiedene Themen und bearbeitet diese so, dass er mindestens drei Fragen formulieren kann. Diese selbst formulierten Fragen sollen im Laufe der Unterrichtsreihe oder des Projektes beantwortet werden.

Variante 2:

Vom Lehrer wird ein Oberthema vorgegeben und die Schüler formulieren in Partnerarbeit drei bis fünf Fragen. Die Fragen werden auf Karteikarten geschrieben und im Thementopf gesammelt.

Beispiele für Variante 1:

Thema: Apfel

- Lebensmittel und Energiequelle für den Menschen
- Chemikalisches System aus Kohlenstoff, Säuren, ...
- Apfelbatterie
- Gesundheitsquelle / Vitaminspeicher
- Umweltbedingungen zum Apfelanbau
- Apfelprodukte: Saft, Marmelade, Kuchen
- Speicher von Antioxidantien und Pektinen
- → Mögliche Fragen:
  1. Was ist Pektin und wofür ist es nützlich?
  2. Welche Antioxidantien sind im Apfel?
  3. Wie wirken sich diese Inhaltsstoffe auf uns Menschen aus?

Buchstabenfeld als Kopie für jeden Schüler

Arbeitsblatt mit Buchstabenfeld vorbereiten (Anzahl der Quadrate festlegen: Mindestgröße entspricht der Buchstabenanzahl des längsten verwendeten Begriffes, Fachbegriffe eintragen und die restlichen leeren Felder mit beliebigen Buchstaben füllen)

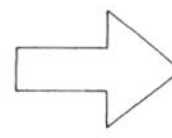

Motivierung und Aktivierung von Wissen, Erkennen von Zusammenhängen, Herstellung zu Alltagsbezügen

Spielverlauf:
Jeder Schüler erhält ein Arbeitsblatt mit einem Buchstabenfeld.
Im Buchstabenfeld haben sich jede Menge Begriffe versteckt. Sie können waagerecht, senkrecht, vorwärts oder rückwärts geschrieben sein. Die Schüler kreisen sie ein und überlegen bei jedem einzelnen Begriff, was das mit Chemie zu tun hat.

Hinweis: AE steht für Ä

Beispiel:

L	A	G	G	R	E	G	A	T	Z	U	S	T	A	N	D
Q	H	R	T	N	E	S	P	A	T	N	M	D	U	N	G
A	F	T	U	V	I	O	N	I	K	L	M	M	W	E	E
K	L	M	M	W	S	L	T	A	J	O	E	A		R	T
T	A	X	I	L	E	L	E	K	T	R	O	L	Y	S	E
Z	H	E	R	I	N	A	F	T	U	V	E	B	U	L	A
B	M	G	A	S	F	O	E	R	M	I	G		T	A	R
A	O	C	D	O	E	T	V	O	E	K	E	R	E	I	E
R	X	U	H	A	U	P	T	G	R	U	P	P	E	O	G
P	I	L	T	A	J	O	A	L	O	V	A	U	R	S	R
G	D	T	E	R	T	G	S	T	S	Z	N	W	U	V	O
H	A	L	O	G	E	N	E	S	T	U	T	Q	N	G	B
E	T	S	T	O	F	R	K	C	D	O	E	T	A	E	A
M	I	P	G	N	U	N	N	E	R	B	R	E	V	D	L
M	O	G	A	S	B	R	E	N	N	E	R		R	E	D
M	N	T	E	R	T	G	L	T	A	J	O	C	H	R	I

Ordnung muss sein

30 Min. | **Kl. 7–**

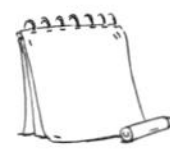

ca. 20 bis 25 Elementkarten in vierfacher Ausführung, weiße Pappstreifen

20 bis 25 Elementkarten in vierfacher Ausführung vorbereiten (geeignetes Format: Postkartengröße)

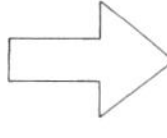

Aktivierung von Wissen, Hinführung zum Periodensystem der Elemente, Stoffeigenschaften wiederholen und festigen

Spielverlauf:
Die Klasse wird in vier Gruppen aufgeteilt. Jede Gruppe erhält fünf weiße Papstreifen und einen Satz der Elementkarten. In der Gruppe überlegen die Schüler Ordnungsmöglichkeiten, schreiben diese auf die weißen Papstreifen und ordnen die Elementkarten so den Gruppen zu.

Beispiele:
Beispiele für Ordnungen (weißer Papstreifen): Alphabetisch, Metalle und Nichtmetalle, Aggregatzustände bei Zimmertemperatur, Gefahrenstoffe

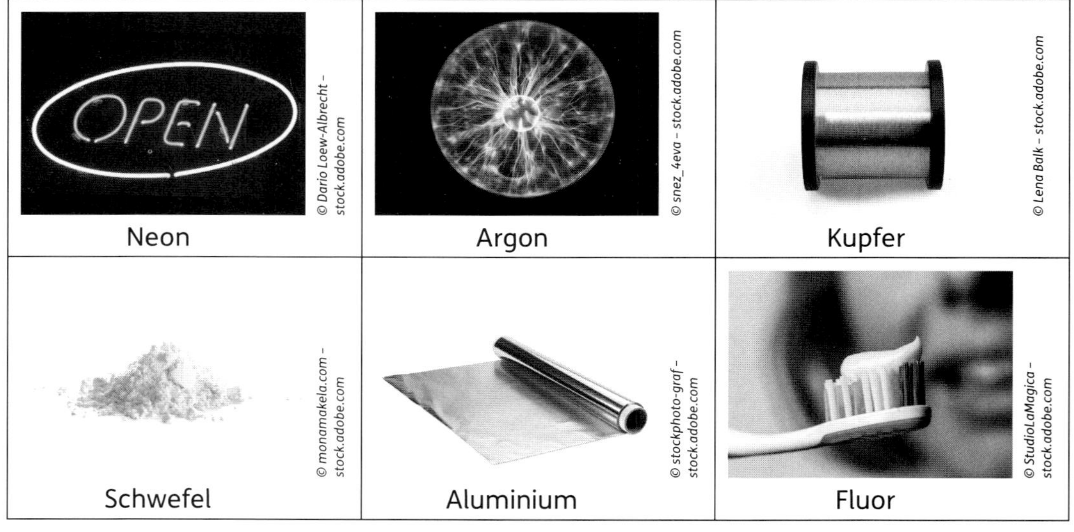

evor Leo zur Schule geht

20 Min.

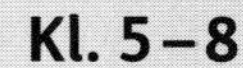
Kl. 5–8

Arbeitsblatt mit blanko Filmstreifen (ca. 8–12 Felder)

keine

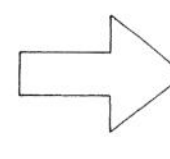
Reflektieren von Wissen, Motivieren und Aktivieren von Wissen, Herstellen von Alltagsbezügen

Spielverlauf:
Jeder Schüler reflektiert seinen Tagesablauf vom wach oder geweckt werden bis zur Ankunft in der Schule und trägt die einzelnen „Schritte" im Filmstreifen ein (wie bei einem Film im Zeitlupentempo). Im Anschluss werden alle physikalischen und chemischen Vorgänge in unterschiedlichen Farben markiert.

Hinweis: Der Tagesablauf sollte sehr detailliert beschrieben werden, um chemische und physikalische Vorgänge trennen zu können.

Beispiel:

			Zähne putzen	Zahncreme schäumt im Mund			

		Frühstück zubereiten	Müsli herstellen				

Bildmaterial, Gegenstände, Experimente zur Gestaltung von drei bis fünf Schaufenstern, alte scheibenfreie Fensterrahmen oder Papprahmen, Arbeitsauftrag als Arbeitsblatt oder an der Tafel fixiert

Schaufensterthemen entsprechend vorbereiten

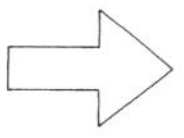

Motivierung und Aktivierung von Wissen, Heranführen an Neues, Merkfähigkeit trainieren

Spielverlauf:
Im Klassenraum bzw. Chemieraum werden drei bis fünf Schaufenster zu einem bestimmten Thema vorbereitet. Es ist auf eine geeignete Stellfläche zu achten (Fensterbänke, separate Tischreihe o.Ä.).
Die Schüler führen in Kleingruppen nacheinander einen „Schaufensterbummel" durch und bearbeiten im Anschluss in Stillarbeit ihren Arbeitsauftrag.

Hinweis: „Preisschilder" für die Namen der Geräte.

Beispiel:
Laborgeräte und Experimentieranordnungen:

- Schaufenster 1: Glaskörper (Standzylinder, Erlenmeyerkolben, Stehkolben, Becherglas, Reagenzglas etc.)
- Schaufenster 2: Hilfsgegenstände (Spatel, Tiegelzange, Reagenzglashalter, Verbrennungslöffel etc.)
- Schaufenster 3: Messgeräte (Thermometer, Messzylinder, Messpipette, Stoppuhr, Waage)
- Schaufenster 4: Realer Versuchsaufbau

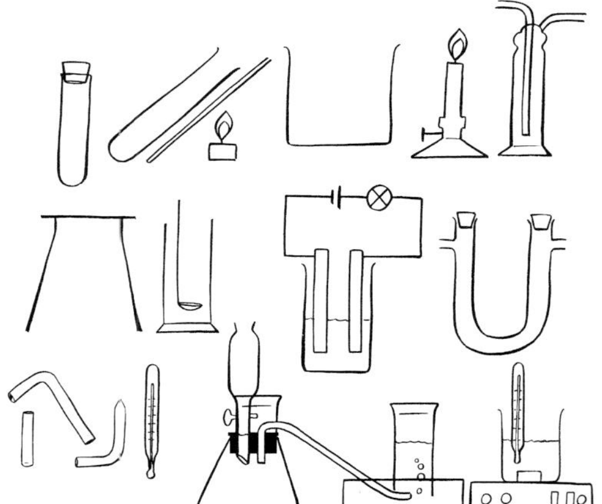

Arbeitsauftrag:
Arbeitsblatt mit Abbildungen der Laborgeräte und einem Versuchsaufbau, bei dem die Schüler die Benennung und Beschriftung selbst vornehmen.

Chemiebuch, Ralleyvorlage als Arbeitsblatt

Ralleyarbeitsblatt sowie Lösungsblatt vorbereiten

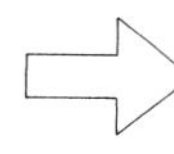

Aktivierung von Wissen, Arbeiten mit dem Lehrbuch, Motivierung, Neugier wecken

Spielverlauf:
Jeder Schüler erhält ein Arbeitsblatt mit der vorbereiteten Rallye und Hinweisen zur Bearbeitung.

Beispiel:

Aufgabe: Ergänze die Sätze.
Hinweis:

- Alle fehlenden Begriffe kann man irgendwo im Buch finden.
- Trage hinter dem Satz die Seite ein, auf der du deine Lösung gefunden hast.
- Umlaute werden nicht umgeschrieben, d. h. bleiben also ä, ü, ö.
- Die eingerahmten Buchstaben ergeben fortlaufend gelesen den Namen einer berühmten Person.

1. Das Ordnungssystem für chemische Stoffe (Elemente) heißt

_ _ _ _ _ _ _ _ _ _ _ _ _ _ _ Seite: ☐

2. Ein wichtiges Laborgerät zum Erzeugen von Wärme ist der

_ _ _ _ _ _ _ _ _ _ Seite: ☐

3. Eine Veranschaulichung von Atomen bietet das

_ _ _ _ _ _ _ _ _ _ _ _ _ Seite: ☐

Metallhausen

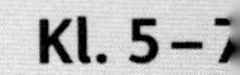

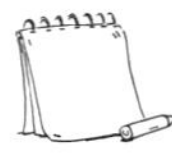
Stadtplan mit Arbeitsauftrag

Stadtplan mit Arbeitsauftrag als Arbeitsblatt oder Flipchart

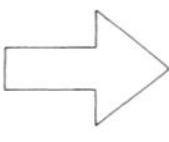
Motivierung und Aktivierung von Wissen, Einordnen von bekannten Wissensinhalten, Neugier wecken

Spielverlauf:
Jeder Schüler erhält eine Arbeitsvorlage. Mithilfe des Stadtplans soll eine Wegbeschreibung vom „eigenen Standort“ (17) bis zu Mangan (18) angefertigt werden. Im Anschluss soll der Schüler alle Metalle, die in seiner Wegbeschreibung vorkommen, benennen und notieren, was er darüber weiß (Eigenschaften wie Farbe, Vorkommen im Alltag etc.).

Beispiel:

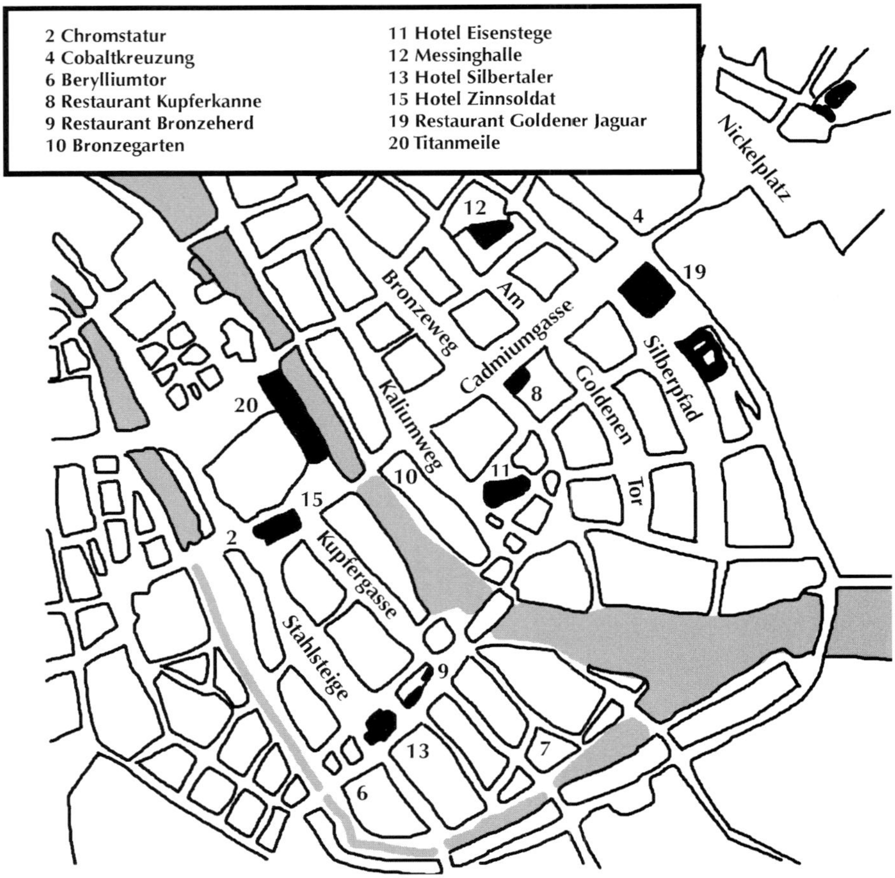

2 Chromstatur
4 Cobaltkreuzung
6 Berylliumtor
8 Restaurant Kupferkanne
9 Restaurant Bronzeherd
10 Bronzegarten
11 Hotel Eisenstege
12 Messinghalle
13 Hotel Silbertaler
15 Hotel Zinnsoldat
19 Restaurant Goldener Jaguar
20 Titanmeile

Nickelplatz
Bronzeweg
Am Cadmiumgasse
Goldenen Tor
Silberpfad
Kaliumweg
Kupfergasse
Stahlsteige

1er, 2er, 3er, 4er Legobausteine farblich sortiert, Arbeitsblatt

Arbeitsblatt mit Reaktionen als Wortgleichung für jeden Schüler

Motivierung und Aktivierung von Wissen

Spielverlauf:
Je nach Menge der Legobausteine werden Zweier- oder Vierergruppen gebildet. Jeder Schüler erhält ein Arbeitsblatt. Jede Gruppe einen Satz an Legobausteinen. Die Legobausteine symbolisieren jeweils ein Atom.

Hinweis: Nach Möglichkeit vorhandener Bausteine und zur Differenzierung für leistungsstarke Schüler kann die Noppenanzahl der Legobausteine die Wertigkeit der Atome symbolisieren.

Beispiele:

Wasserstoff	**+**	**Sauerstoff**	→	**Wasser**
Magnesium	**+**	**Sauerstoff**	→	**Magnesiumoxid**
Eisen	**+**	**Sauerstoff**	→	**Eisenoxid**
Natrium	**+**	**Chlor**	→	**Natriumchlorid**
Kohlenstoff	**+**	**Sauerstoff**	→	**Kohlenstoffmonoxid**

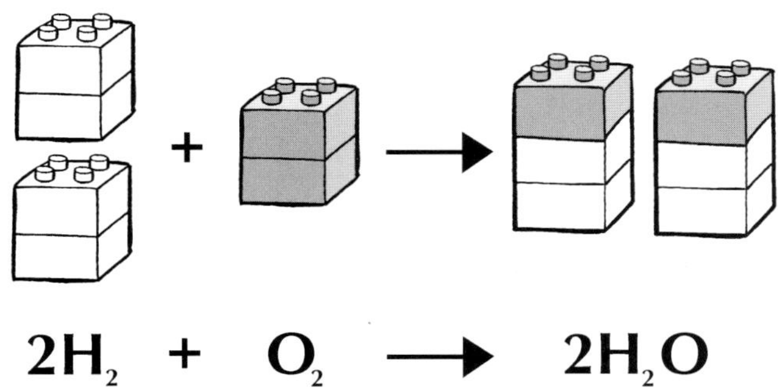

$$2H_2 + O_2 \longrightarrow 2H_2O$$

5 unterschiedliche Gegenstände, 5 Blackboxen (eventuell aus der Physik), Hinweiskarten oder Arbeitsblatt

Hinweiskarten oder Arbeitsblatt vorbereiten

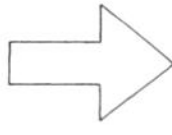
Motivierung und Aktivierung von Wissen, Kombinieren, Verknüpfung logischer Zusammenhänge

Spielverlauf:
Auf dem Pult stehen fünf Gegenstände hinter jeweils einer Blackbox versteckt. Die Blackboxen sind von eins bis fünf durchnummeriert.
Mit den Hinweiskarten (oder dem Arbeitsblatt) sollen die Schüler herausfinden, welcher Gegenstand hinter welcher Box steht. Die Namen der Gegenstände werden an der Tafel fixiert.

Hinweis: Für die Hinweiskarten werden die Stoffeigenschaften wie Farbe, Härte, elektrische Leitfähigkeit, Löslichkeit und Brennbarkeit genutzt.

Beispiele:

Gegenstände:
Weinglas, Radiergummi, Eisennagel, Aluminiumlöffel, Zuckerwürfel

Hinweiskarten:
H1: Die Gegenstände in Box 5 und 3 sind brennbar.
H2: Die Gegenstände in Box 1 und 4 sind hart, der Gegenstand in Box 3 ist sehr hart.
H3: Der Gegenstand in Box 4 ist silbern, alle anderen nicht.

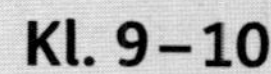

2 Spielewürfel in unterschiedlichen Farben, Tabelle (s. unten), leeres Blatt

Tabelle mit möglichen Lösungen auf der Rückseite für jede Gruppe vorbereiten

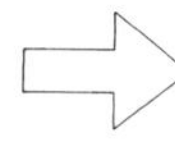

Aktivierung und Anwendung von Wissen, Arbeiten mit chemischen Formeln und Symbolen

Spielverlauf:
Eine Würfelfarbe ist für die Anionen und eine Würfelfarbe für die Kationen. Beide Würfel werden gleichzeitig gewürfelt. Aus den Wurfergebnissen (Augenzahlen) werden entsprechend der Tabelle Salze gebildet, indem Anion und Kation „verbunden" werden.
Für die aufgestellte Verhältnisformel des ungeladenen Salzes gibt es einen Punkt. Kann das Salz richtig benannt werden, gibt es einen weiteren Punkt. Gewonnen hat das Team mit den meisten Punkten.

Beispiele:

Wurf	Kation	Anion
1	Fe^{3+}	PO_4^{3-}
2	Na^+	O^{2-}
3	Ca^{2+}	Cl^-
4	NH_4^+	CO_3^{2-}
5	Si^{4+}	NO_3^-
6	Cu^{2+}	SO_4^{2-}

Mögliche Lösungen:

Wurf			**1**	**2**	**3**	**4**	**5**	**6**
	Kation	**Anion**	PO_4^{3-}	O^{2-}	Cl^-	CO_3^{2-}	NO_3^-	SO_4^{2-}
1	Fe^{3+}		$FePO_4$ Eisen(III)-phosphat	Fe_2O_3 Eisen(III)-oxid	$FeCl_3$ Eisen(III)-chlorid	$Fe_2(CO_3)_3$ Eisen(III)-carbonat	$Fe(NO_3)_3$ Eisen(III)-nitrat	$Fe_2(SO_4)_3$ Eisen(III)-sulfat
2	Na^+							
3	Ca^{2+}							
4	NH_4^+							
5	Si^{4+}							
6	Cu^{2+}							

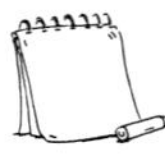
Bild, z. B. Querschnitt einer Kläranlage, Arbeitsblatt mit Angaben zu den dargestellten Stationen

Arbeitsblatt erstellen

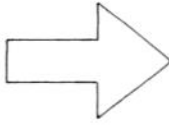
Motivierung und Aktivierung von Wissen, Wiedergabe von Gesetzmäßigkeiten, Erkennen und Anwenden von Abläufen in sachlich logischen Abläufen

Spielverlauf:
Jeder Schüler erhält das Bild und ein Arbeitsblatt mit Angaben zu den dargestellten Stationen für spätere Puzzleteile zum Zerschneiden.
Nach dem Zerschneiden der Teile werden diese in sachlich logischer Reihenfolge sortiert und dem Bild zugeordnet und aufgeklebt.

Hinweis: Chemiebuch oder ein Fachtext zur Beschreibung der dargestellten chemischen Abläufe als Hilfsmittel für schwächere Schüler.

Beispiel:

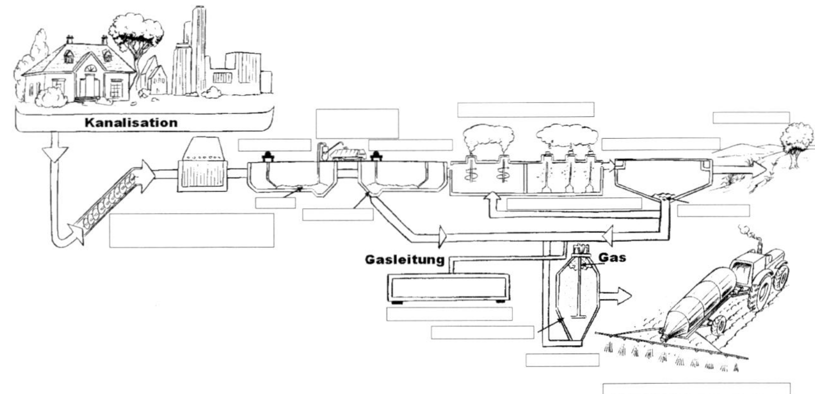

Vorfluter Abfluss für das gereinigte Wasser	**Faulturm** Hier wird der gereinigte Schlamm gesammelt und unter Abgabe von Methangas zersetzt.	**Nachklärbecken** Das Wasser bleibt hier einige Zeit ruhen, so können sich die restlichen Flocken des Belebtschlamms absetzen.	**Rechen** Hier werden durch Siebe und Gitter die groben Stoffe im Wasser zurückgehalten.
Sandfang Durch Zupumpen von Luft wird das Abwasser aufgefrischt. Dadurch trennt sich der Sand besser von den organischen Stoffen.	**Flockungsfiltration** Hier wird das Wasser von Keimen und Krankmachern gereinigt.	**Vorklärbecken** Die meisten Schwebstoffe des Wassers setzen sich als Schlamm ab, weil die Fließgeschwindigkeit extrem verringert wird.	**Gasbehälter** Hier wird das Methangas gesammelt.

Zeitungsartikel / Internetrecherchen, Pappe, alte Fernbedienung

Rahmen eines Fernsehers basteln (ein Schüler sollte Platz dahinter haben)

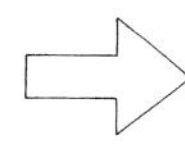
Motivierung und Aktivierung von Wissen, Recherchieren, Kommunizieren

Spielverlauf:
Als vorbereitende Hausaufgabe führen die Schüler Recherchen zu Umweltverschmutzungen durch, sammeln Zeitungs- oder Internetartikel. Unter dem Thema „News" spielen die Schüler eine Nachrichtensondersendung und lesen als Nachrichtensprecher ihren mitgebrachten Artikel vor. Ein Schüler sollte den Moderator spielen und die Überleitung zwischen den einzelnen Artikeln sprechen, sodass die Zeit vom Sprecherwechsel überbrückt wird.

Beispiel:
Das Solar-Vergleichsportal „The Eco Experts" hat Daten von 135 Ländern gesammelt und sie anhand von fünf Umweltfaktoren verglichen: Energieverbrauch pro Kopf, CO_2-Ausstoß durch fossile Brennstoffe, Luftverschmutzung, Tote durch Luftverschmutzung und Produktion von erneuerbarer Energie. Laut dieser Daten hat Saudi-Arabien als einer der größten Ölproduzenten der Welt gleichzeitig den niedrigsten Anteil an erneuerbaren Energien. Und das, obwohl das Klima ideal für Solarenergie wäre.

Quelle: https://www.businessinsider.de/politik/karte-der-laender-mit-der-groessten-umweltverschmutzung-2017-2/

Labyrinth (als Zuordnung) bzw. „Irrgarten“

Labyrinth als Arbeitsblatt oder Flipchart vorbereiten mithilfe einer dreispaltigen Tabelle: In die rechte Spalte werden Fakten eingetragen, in der linken Spalte werden ungeordnet die entsprechenden Bilder oder Begriffe eingefügt. Im mittleren Teil werden die Zeilen gelöscht und dafür ein verschlungenes Wegesystem eingezeichnet.

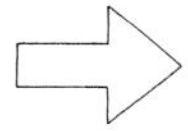

Aktivierung von Wissen, Motivierung, Herstellen von Alltagsbezügen

Spielverlauf:
Die Schüler ordnen die Fakten den Bildern oder Begriffen zu. Mithilfe des Labyrinthes überprüfen sie ihre Zuordnung.

Beispiele:
- Stoffgemische und ihre Aggregatzustände → Orangensaft und fest / flüssig
- Chemische Verbindungen und dazugehörige Formel → Kochsalz (Natriumchlorid) und NaCl
- Chemische Elemente und Alltagsbezug → Silber und Schmuck

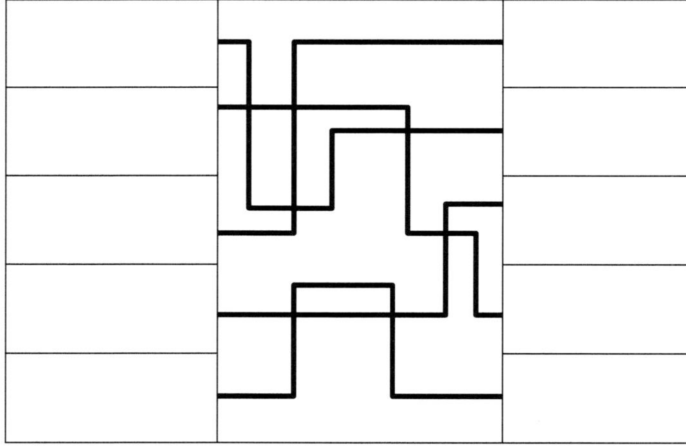

 Formelsammlung, Arbeitsblatt, Karteikarten oder Flipchart für Activ Board

 Karteikarten (oder Flipchart) mit mindestens zwei, maximal drei Hinweisen zu unterschiedlichen Materialien vorbereiten

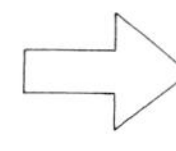 Wiederholen und Aktivieren von Wissen, Arbeiten mit der Formelsammlung

Spielverlauf:
Variante 1:
Entweder 30 Karteikarten oder zwei Sätze mit je 15 Karteikarten anfertigen (zum besseren Vergleichen: Karten möglichst durchnummerieren).
Jedem Schüler wird verdeckt eine Karteikarte hingelegt. Auf Kommando drehen alle ihre Karteikarte um und finden mithilfe der Formelsammlung den gesuchten Stoff. In ihrem Chemieheft notieren sie die Kartennummer und den gefundenen Stoff. Dann geben sie ihre Karteikarte im Uhrzeigersinn an den Sitznachbarn weiter. Der Lehrer entscheidet, wie oft eine Karteikarte weitergegeben wird, ob also 10, 15 oder 30 Stoffe gesucht werden.

Variante 2:
Die Karteikarten werden als Seiten einer Flipchart vorbereitet. Nacheinander wird je eine „Karteikarte" eingeblendet und alle Schüler finden gleichzeitig den gesuchten Stoff. Derjenige, der zuerst das richtige Ergebnis nennen kann, sollte auch ansagen, wo er in der Formelsammlung fündig wurde.

Beispiele:

1. Wer bin ich?

Ich werde von Magneten angezogen, meine Schmelztemperatur beträgt 1 455 °C.

2. Wer bin ich?

Ich bin einer der Stoffe, aus denen Luft besteht, ich siede bei –195,8 °C.

 Steckbriefe

 Steckbriefe zu berühmten Chemikern gestalten (z. B. über „druckselbst.de“) und ausdrucken

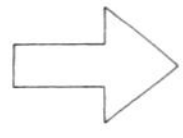 Motivierung, Aktivierung von Wissen, Interessen wecken

Spielverlauf:
Vom Lehrer wird zunächst ein „Wanted“ (Steckbrief) vorgelesen, ohne das Bild der entsprechenden Person zu zeigen. Die Schüler haben nach jeder einzelnen Information die Gelegenheit, ihre Vermutung zu äußern, welche Berühmtheit gesucht wird. Kann von den Schülern anhand der gegebenen Informationen noch nicht erraten bzw. erkannt werden, welche Person gesucht ist, zeigt der Lehrer den Steckbrief mit Bild.

Beispiele:
Berühmte Chemiker und Erfinder, welche im Unterricht (in den einzelnen Themengebieten) auftauchen oder auch durch „Straßennamen“ bekannt sind: Wilhelm Conrad Röntgen, Max Planck, Marie Curie, Ernest Rutherford, Niels Bohr, Otto Hahn, Alfred Nobel, Robert Wilhelm Bunsen, Louis Pasteur, Michael Faraday, John Dalton.

WANTED

Schwedischer Chemiker
355 Patente
Erfinder des Dynamits
Namensgeber einer bekannten Stiftung

Geboren: 21.10.1833
in Stockholm, Schweden-Norwegen
Gestorben: 10.12.1896
in Sanremo, Italien

Arbeitsblatt

Arbeitsblatt vorbereiten

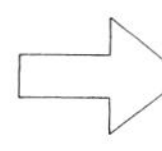
Aktivierung und Sicherung von Wissensinhalten, Erkennen chronologischer Abläufe

Spielverlauf:
Jeder Schüler erhält ein Arbeitsblatt, bei dem der chronologische Ablauf durcheinandergeraten ist. Das Blatt wird in die einzelnen Sätze zerschnitten. Diese werden in chronologischer Reihenfolge auf ein leeres Blatt aufgeklebt.

Schnellere Variante:
Die richtige Reihenfolge wird durch Nummerierung der einzelnen beschriebenen Schritte gekennzeichnet.

Beispiel:
Umgang mit dem Gasbrenner:

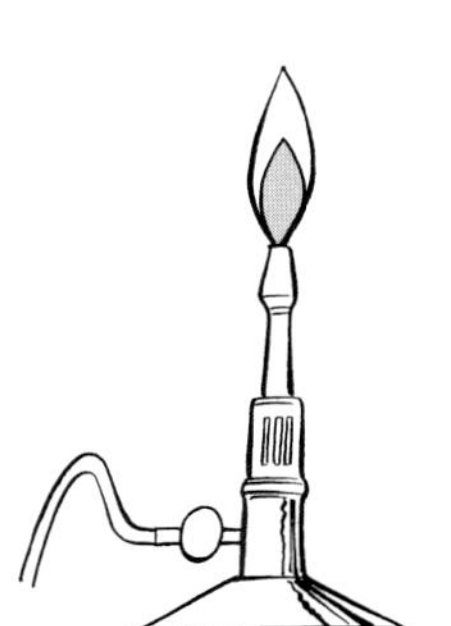

- ◯ Schutzbrille aufsetzen.
- ◯ Gasregulierung am Gasbrenner öffnen.
- ◯ Streichholz anzünden.
- ◯ Luftzufuhr öffnen, bis das Leuchten gerade verschwindet.
- ◯ Langsam bis zehn zählen und anschließend den Brenner von der Gasversorgung trennen.
- ◯ Gashahn öffnen.
- ◯ Zum Löschen des Brenners die Luftzufuhr schließen.
- ◯ Gasbrenner an die Gasversorgung anschließen.
- ◯ Das Ventil der Gasleitung schließen.
- ◯ Das Gas am oberen Rand des Brenners entzünden (leuchtende Flamme).
- ◯ Die Gasregulierung am Gasbrenner schließen.
- ◯ Prüfen, ob die Luftzufuhr geschlossen ist, und ansonsten schließen.

Nase voll

 10 Min. **Kl. 5–6**

12 gleiche, undurchsichtige, verschließbare Plastikbecher (Kaffee „to go“, Joghurtbecher), Duftstoffe, Wattepads oder geruchlose, trockene Brillenputztücher, schwarzer Stift (permanent), Blanko-Postkarten, Stift

je zwei Becher mit dem gleichen Duftstoff befüllen, verschließen und nummerieren (nicht fortlaufend)

Motivierung, Aktivierung von Wissen, Erkennungsübung, Beobachten mit allen Sinnen

Spielverlauf:
Die Duftstoff-Becher werden auf einem gesonderten Tisch im Raum aufgereiht. Zusätzlich werden die Blanko-Postkarten und ein Stift bereitgelegt.

Kleingruppen von drei bis vier Schülern gehen jeweils zum Tisch und finden heraus, welche Becher den gleichen Duftstoff enthalten. Dazu wird der Becher ggf. leicht geöffnet und der Duft wird sich zugefächelt. Ist sich die Gruppe einig, werden die Nummernpaare auf einer Postkarte notiert. Bevor die Gruppe den Tisch verlässt, muss sie die Becher für die nächste Gruppe wieder wie anfänglich (unsortiert) aufreihen.

Hinweis: Die währenddessen an ihrem Arbeitsplatz verbleibenden Schüler lösen selbstständig vorab gestellte Aufgaben.

Beispiele:

1 5	Wattepad, mit Essig getränkt	2 4	Gurkenscheiben
3 7	Wattepad mit Duschgel (Kokos oder Vanille)	6 8	Kaffeepulver
9 11	halbe Zitrone oder Zitronenstückchen	10 12	Buttersäure

Hinweis: Achtung! Keine allergenen Duftstoffe verwenden.

Arbeitsblatt, Informationstexte, Abbildungen, Tabellen, Diagramme

Arbeitsblatt vorbereiten, Informationsmaterial in drei- bis vierfacher Ausführung

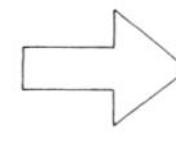
Motivierung von Wissen, genaues Lesen von Fachtexten, Recherchieren, Merkfähigkeit trainieren

Spielverlauf:
Variante 1:
Zu einem bestimmten Themengebiet werden verschiedene Informationsmaterialien (eventuell an den Wänden oder auf Tischen) ausgelegt. Jeder Schüler erhält ein Arbeitsblatt mit Thesen zum Thema. Die Schüler sollen die Thesen mithilfe des Informationsmaterials widerlegen oder bestätigen, ohne dass sie dabei das Blatt von ihrem Tisch mitnehmen. Anschließend kann eine Abstimmung über Gruppenbildung entsprechend der Argumente bezogen auf das Informationsmaterial erfolgen.

Variante 2:
In älteren Klassen kann das Informationsmaterial auch von den Schülern mittels einer vorbereitenden Hausaufgabe selbst mitgebracht werden. Dazu muss genau festgelegt werden, wer welche Informationsmaterialien (Abbildungen, Statistiken, Tabellen, Fachtexte etc.) recherchiert und mitbringt.

Puzzle, Briefumschlag für die Puzzleteile

Puzzleteile ausdrucken, laminieren und zerschneiden

Sichern von Wissen, Veranschaulichen von Zusammenhängen bei der Aggregatzustandsänderung von Wasser

Spielverlauf:
Je zwei Schüler erhalten ein Puzzle. Sie legen den vollständigen „Kreislauf" der Aggregatzustandsänderung mit den entsprechenden Bedingungen „Wärmezufuhr" und „Wärmeentzug". Nach Überprüfung und ggf. Korrektur übertragen sie die Darstellung in ihr Heft.

Hinweis: möglichst einen vergrößerten Puzzlesatz zum Vergleichen anfertigen

Beispiele:

Wärme-zufuhr	Wärme-zufuhr	Wärme-entzug	Wärme-entzug
Wasser-dampf	fest	flüssig	gas-förmig
Wasser	Eis	schmel-zen	ver-dampfen
konden-sieren	gefrieren	ver-dunsten	

Hinweis: Wenn alle Puzzleteile verwendet werden, entsteht ein doppelter Kreislauf (Ring).

15 Min.

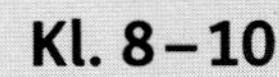

Kl. 8 – 10

Briefumschläge, Aufgabenkarten

20 Aufgabenkarten mit „unausgeglichenen“ Reaktionsgleichungen als halben Klassensatz vorbereiten

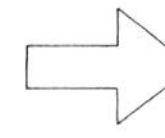

Motivierung und Aktivierung von Wissen, Sicherung von Wissen, Üben und Anwenden

Spielverlauf:
Gespielt wird zu zweit: Jeder Schüler erhält zehn Aufgabenkarten und legt diese als Stapel verdeckt vor sich hin. Zusätzlich hält jeder Spieler ein leeres Blatt bereit.

Spielregeln:
Beide Spieler decken gleichzeitig die erste Karte auf.
Nun gilt es, die Reaktionsgleichungen auszugleichen, das heißt die Stöchiometriefaktoren zu bestimmen. Der Schüler, der in der Summe seiner Faktoren höher liegt, bekommt beide Karten und legt diese zur Seite. Gewonnen hat, wer zum Schluss alle Karten erspielt hat oder wer die meisten Karten hat.

Beispiele:

$Al + Cl_2 \longrightarrow AlCl_3$

Faktoren: 2 + 3 + 2 = 7

$H_2 + O_2 \longrightarrow H_2O$

Faktoren: 2 + 1 + 2 = 5

Chemiebuch

keine

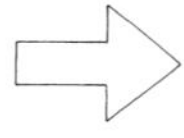
Motivierung und Aktivierung von Wissen, Reflektieren von Wissensinhalten, Kommunizieren, Kreativität

Spielverlauf:
Gespielt wird in Gruppen von maximal sechs Schülern. Ein Schüler pro Gruppe ist der Spielleiter. Nach jeweils zwei Begriffen sollte der Spielleiter innerhalb jeder Gruppe wechseln.
Der Spielleiter sucht im Sachwortregister des Chemiebuches einen Begriff heraus (je unbekannter und schwieriger, desto besser). Alle Mitspieler der Gruppe schreiben ihre mögliche Erklärung zu dem genannten Begriff auf. In dieser Zeit sucht der Spielleiter die Erklärung im Chemiebuch.
Jeder Spieler liest seine Erklärung vor. Danach liest der Spielleiter die richtige Erklärung vor. Die Gruppe stimmt darüber ab, wer am lustigsten geantwortet hat und wer der richtigen Antwort am nächsten war.
Derjenige Spieler, welcher der richtigen Antwort am nächsten war, erhält fünf Punkte.
Wer am Ende die meisten Punkte hat, hat gewonnen.
Das Spiel ist beendet, wenn jeder in der Gruppe einmal Spielleiter war.

Kreuzworträtsel mit Wortlösung

Kreuzworträtsel so vorbereiten, dass sich in einer Spalte ein Lösungswort oder -satz ergibt.

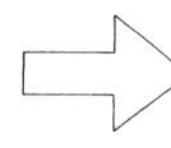

Aktivierung von Wissen, Auseinandersetzen mit Wissensinhalten, Kreativität, Sicherung und Reflektieren von Wissen

Spielverlauf:
Variante 1:
Vom Lehrer wird ein Kreuzworträtsel als Arbeitsvorlage für jeden einzelnen Schüler vorbereitet. Es können Wissensinhalte durch das breite Spektrum der Chemie oder gezielt zu einzelnen Themengebieten abgefragt werden.

Variante 2:
Als vorbereitende Hausaufgabe entwerfen einzelne Schülergruppen ein Kreuzworträtsel, welches dann im Unterricht von allen zu lösen ist.

Beispiel:

1			G	**A**	S	F	Ö	R	M	I	G			
2		F	I	**L**	T	R	I	E	R	E	N			
3	S	T	O	**F**	F	G	E	M	I	S	C	H		
4		V	E	**R**	D	U	N	S	T	U	N	G		
5		S	I	**E**	B	E	N							
6	E	I	N	**D**	A	M	P	F	E	N				
7	M	A	G	**N**	E	T	I	S	C	H				
8		A	T	**O**	M									
9	F	A	R	**B**	E									
10			D	**E**	S	T	I	L	L	A	T	I	O	N
11	E	M	U	**L**	S	I	O	N						

1. Aggregatzustand; **2.** Vorgang der Stofftrennung; **3.** Gegensatz von Reinstoff; **4.** Vorgang, der Pfützen trocknen lässt; **5.** Trennverfahren (beliebt bei Kleinkindern im Sandkasten); **6.** Trennverfahren bei der Kochsalzgewinnung; **7.** Stoffeigenschaft von Eisen; **8.** Kleinstes Teilchen eines Elements; **9.** Stoffeigenschaft; **10.** Trennverfahren aufgrund unterschiedlicher Siedetemperaturen; **11.** Stoffgemisch aus zwei Flüssigkeiten

Glas, Leitungswasser, Aluminium-Haushaltsfolie, Kupfer (eventuell 1-, 2- oder 5-Cent-Münze)

keine

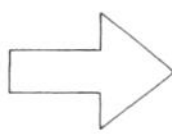

Motivierung und Aktivierung von Wissen, Experimentieren, Entdecken chemischer Vorgänge und Phänomene

Spielverlauf:
Was passiert, wenn man in einem Glas Wasser ein Stückchen Kupfer auf ein Stück Aluminium-Haushaltsfolie legt und das Glas einen Tag stehen lässt?
Den Schülern wird folgende Aufgabe gestellt:

„Fülle ein Glas mit ganz normalem Leitungswasser. Nimm ein Stück Aluminiumfolie und lege darauf ein Stück Kupfer. Lege beides zusammen ins Wasser und stelle das Ganze für einen Tag zur Seite."

Was ist passiert?
Das Wasser trübt sich. Die Aluminiumfolie ist an der Stelle, wo das Stück Kupfer lag, durchlöchert.

Was steckt dahinter?
Das Wasser trübt sich, weil sich Aluminium aufgrund elektrochemischer Vorgänge auflöst. Die Löcher in der Folie sind Korrosionsschäden. Diese entstehen immer dann, wenn zwei Metalle (die in der elektrochemischen Spannungsreihe unterschiedliche Plätze einnehmen) leitend miteinander verbunden sind.

Glasflasche mit engem Hals, kleiner Luftballon, Essig, Natriumbikarbonat, Trichter

keine

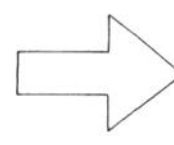

Motivierung, Deutung und Beobachtung chemischer Reaktionen, Experimentieren, entdeckendes Lernen, Aktivierung von Wissen

Spielverlauf:
Was passiert mit dem Ballon, wenn er aufgerichtet wird?
Den Schülern wird folgende Aufgabe gestellt:

„Fülle die Flasche bis zu einem Viertel mit Essig. Befülle den Ballon mithilfe des Trichters mit Natriumbikarbonat. Ziehe jetzt den Ballon über den Flaschenhals. Achte dabei darauf, dass kein Pulver in den Essig gelangt.
Erst jetzt richtest du den Ballon schnell auf, damit das Pulver in der Flasche landet und somit im Essig."

Hinweis: Da sich der Ballon schnell aufbläht, könnte er sogar platzen.

Was ist passiert?
Die Lösung sprudelt. Der Ballon bläht sich nach kurzer Zeit auf.

Was steckt dahinter?
In der Flasche findet eine chemische Reaktion statt: Das Natriumbikarbonat und der Essig (Säure) reagieren so miteinander, dass Kohlendioxidgas entsteht.

Speiseöl, Glas mit Wasser, Tintenpatrone oder Tinte im Glas, eventuell Pipette oder Schere

keine

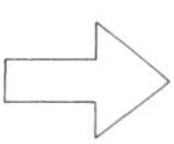

Aktivierung von Wissen, Beobachtungen chemisch deuten, Experimentieren

Spielverlauf:

Wie kann eine „Tintenspinne" (ohne diese zu zeichnen) hergestellt werden?

Man füllt zuerst ein Glas mit kaltem Wasser etwa drei viertel voll. Nun wird auf das Wasser vorsichtig Öl gegeben, sodass eine ca. 3 bis 5 cm dicke Schicht entsteht. Anschließend Tinte auf das Öl tropfen.

Was ist passiert?

Die Tintentropfen wandern durch das Öl und lösen sich im Wasser auf.

Was steckt dahinter?

Der Versuch zeigt die unterschiedlichen Wirkungen von Öl und Wasser als Lösungsmittel. Öl und Wasser können sich nicht mischen. Öl und Tinte auch nicht. Die Tintentropfen wandern durch das Öl und mischen sich mit dem Wasser. Dort löst sich die Tinte auf.

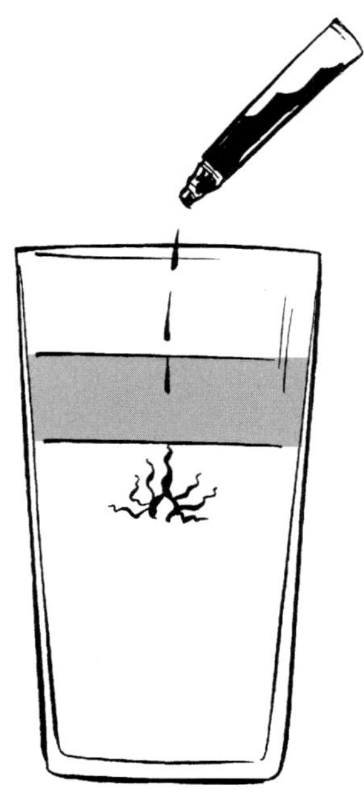

Orangenschale oder Zitronenschale möglichst frisch, Kerze (Teelicht), feuerfeste Unterlage

keine

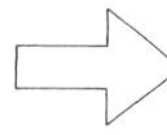

Motivierung und Aktivierung von Wissen, Experimentieren und Beobachten, Versuchsergebnisse mithilfe chemischer Vorgänge erklären

Spielverlauf:
Was passiert, wenn eine Orangenschale neben einer Kerzenflamme zusammengedrückt wird?
Den Schülern wird folgende Aufgabe gestellt:

„Stelle deine Kerze auf eine feuerfeste Unterlage und zünde sie an. Nimm ein Stück Orangenschale so zwischen deine Finger, dass du einige Tropfen herauspressen kannst und diese in die Kerzenflamme spritzen."

Was ist passiert?
Es kommt zu kleinen Stichflammen und Verpuffungen.

Was steckt dahinter?
Durch das Pressen der Fruchtschalen werden feinste ätherische Öle, welche in diesen enthalten sind, in der Luft verteilt.
Ätherische Öle sind leicht brennbar. Dadurch kommt es zu den Verpuffungen.

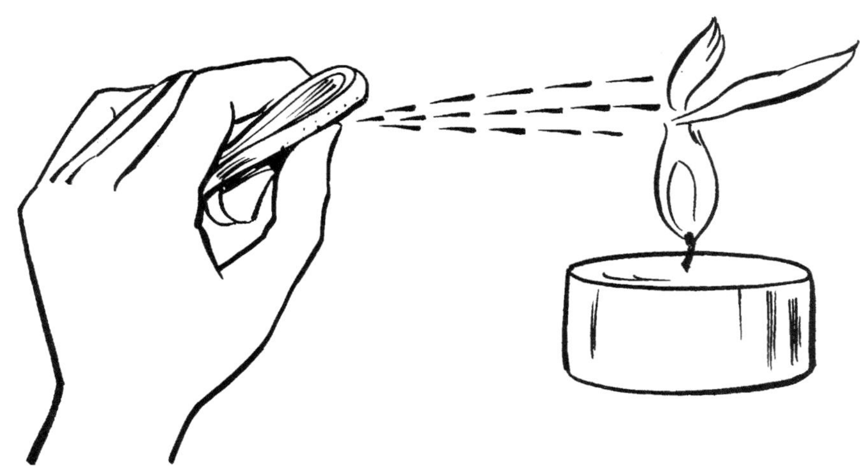

großes Becherglas, kleine Flasche, die in das Glas problemlos hineinpasst, Schnur, heißes und kaltes Wasser, Lebensmittelfarbe

keine

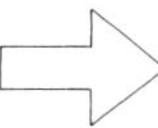

Entdeckendes Lernen, Beobachten chemischer Phänomene, Beschreiben chemischer Vorgänge, Motivierung und Aktivierung von Wissen

Spielverlauf:
Was passiert, wenn man die Flasche mit heißem gefärbten Wasser in das Glas mit kaltem Wasser stellt?
Den Schülern wird folgende Aufgabe gestellt:

„Zuerst füllst du das Glas drei viertel voll mit kaltem Wasser. Die Schnur wickelst du um den Hals der kleinen Flasche, sodass du diese an der Schnur anheben kannst. In die kleine Flasche gibst du heißes gefärbtes Wasser. Mithilfe der Schnur senkst du die kleine Flasche vorsichtig in das Glas mit kaltem Wasser, bis sie völlig untergetaucht ist.“

Hinweis: Die Höhe des Becherglases und der Flasche sollten so gewählt werden, dass kaltes Wasser 2–3 cm hoch über der Flasche ist.

Was ist passiert?
Das gefärbte heiße Wasser steigt wie ein ausbrechender Vulkan im kalten Wasser auf.

Was steckt dahinter?
Kaltes und heißes Wasser haben eine unterschiedliche Dichte. Die Moleküle des kalten Wassers liegen dicht beieinander und können sich weniger frei bewegen. Die Moleküle des heißen Wassers liegen weniger dicht zusammen und bewegen sich mehr. Die Moleküle des heißen Wassers steigen auf, was an der Verfärbung gut zu sehen ist. Es findet ein Temperaturausgleich statt.

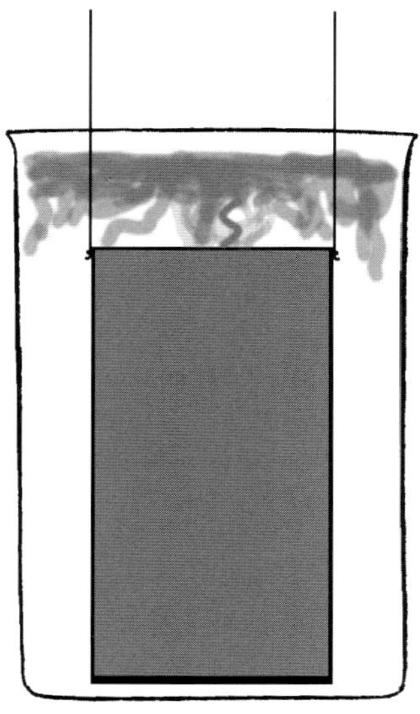

 2 große Töpfe, siehe Einkaufsliste

 keine

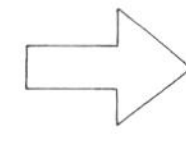 Motivierung von Wissen, Arbeiten nach Anleitung, Forschen

Spielverlauf:
Schmecken Gummibärchen aus tierischer Gelatine genauso wie Gummibärchen aus pflanzlicher Gelatine (Argatine)? Haben sie bei gleicher Herstellung die gleiche Konsistenz? Um die Fragen zu beantworten, sollten die Schüler mit verbundenen Augen je ein Gummibärchen aus Gelatine sowie Argatine kosten und ihre Zuordnung nennen.

Einkaufsliste
- 3 x 3 Gelatine- / Argatinepäckchen
- 1 kg Zucker
- 3 Zitronen
- 2 Flaschen Fruchtsirup (versch. Geschmacksrichtungen)
- 1 Glas Honig
- Lebensmittelfarbe
- Pralinenförmchen

Rezept:
- 70 g Gelatine / Argatine
- 100 ml Wasser
- 200 g Zucker
- 60 ml Wasser
- 200 ml Fruchtsirup
- ½ Zitrone (Saft) / 3 EL
- 1–2 EL Honig
- Lebensmittelfarbe

1. Verrühre 70 g Gelatine mit 100 ml Wasser. Lass diese Mischung 20 Minuten lang quellen.
2. Schmelze anschließend die Gelatine in einem Wasserbad. Die Gelatine darf nicht kochen.
3. Verrühre 200 g Zucker mit 60 ml Wasser und lasse die Mischung aufkochen.
4. Rühre 200 ml Sirup (in der gewünschten Geschmacksrichtung) unter die Zucker-Wasser-Mischung.
5. Rühre anschließend 3 Esslöffel Zitronensaft, 2 Esslöffel Honig und die Gelatine unter die Zucker-Wasser-Mischung.
6. Je nach Bedarf und Geschmacksrichtung nun etwas Lebensmittelfarbe hinzufügen.
7. Lass die Gummibärchenmasse auf einer warmen Herdplatte 15 Minuten lang ziehen.
8. Fülle nun die Gummibärchenmassse in Formen ab.
9. Nach etwa 12 Stunden kühler Lagerung die Bärchen aus der Form lösen.

  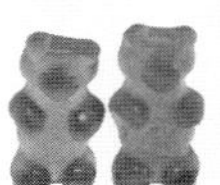

trockene Erbsen, Senfkörner, 2 Messzylinder

keine

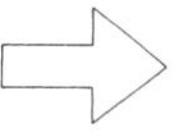
Experimentieren unter Laborbedingungen, Motivierung von Wissen, Entdecken von Phänomenen

Spielverlauf:

Was passiert, wenn 50 ml Erbsen mit 50 ml Senfkörner vermischt werden?

Jeweils einen Messzylinder mit 50 ml Erbsen und einen mit 50 ml Senfkörnern befüllen. Vorsichtig die Erbsen auf die Senfkörner schütten. Nun die Erbsen mit den Senfkörnern durch leichtes Umrühren oder Schütteln vermischen.

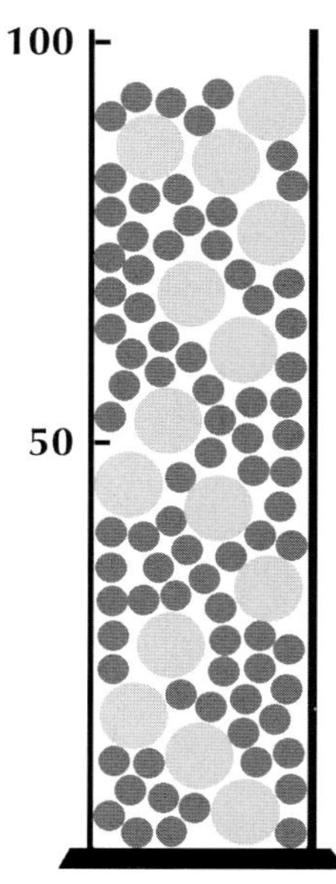

Hinweis: Um das chemische Phänomen zu verdeutlichen, kann der Lehrer den Versuch mit Alkohol und Wasser zeigen.

Was ist passiert?

Beim langsamen Dazugeben schichten sich die Erbsen über die Senfkörner und es entsteht eine Menge von 100 ml. Nach dem Umrühren verringert sich die Menge.

Was steckt dahinter?

Die kleinen Senfkörner rutschen beim Vermischen in die Zwischenräume der größeren Erbsen.

Glasflasche mit dünnem Hals, Eiswürfel, dünner Draht, 2 kleine Gewichte (ca. 300 g)

Eiswürfel herstellen

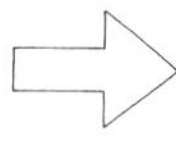

Aktivierung und Motivierung von Wissen, entdeckendes Lernen, Experimentieren mit Alltagsgegenständen

Spielverlauf:
Was passiert, wenn über einen Eiswürfel ein dünner Draht gelegt wird, an dessen Enden jeweils ein Gewicht befestigt ist?
Den Schülern wird folgende Aufgabe gestellt:

„Nimm einen dünnen Draht, ca. 20 cm lang. Befestige an den Enden jeweils ein Gewicht (die Gewichte sollten möglichst gleich sein). Lege einen Eiswürfel auf den Flaschenrand und lege den Draht mittig über den Eiswürfel, sodass die Gewichte seitlich herunterhängen und Druck auf das Eis ausüben."

Was ist passiert?
Der Draht schneidet durch das Eis. Gleichzeitig „schließt" sich das Eis oberhalb des Drahtes wieder.
Das Eis schmilzt durch den Druck des Drahtes, sodass der Draht durch das Eis schneidet. Da oberhalb des Drahtes kein Druck mehr wirkt, gefriert das Eis wieder. Eis bleibt normalerweise bei 0 °C gefroren, es kann aber durch Druck schmelzen.

2 Gläser, flache Schale, Natriumbikarbonat, Waschpulver, Essig, Wasser, Teelöffel, rote und blaue Lebensmittelfarbe

keine

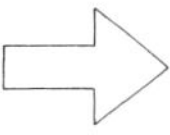

Motivierung und Aktivierung von Wissen, Experimentieren und Entdecken chemischer Vorgänge und Phänomene

Spielverlauf:
Was passiert, wenn rot eingefärbter Essig langsam in ein Gemisch aus Bikarbonat, Waschpulver, blauer Lebensmittelfarbe und Wasser geschüttet wird?
Das Glas halb voll mit Wasser füllen. Dazu Waschpulver, blaue Lebensmittelfarbe und etwas Natriumbikarbonat geben und alles umrühren. Die Mischung im Glas in die flache Schale stellen.
In das zweite Glas Essig füllen und etwas rote Lebensmittelfarbe dazugeben. Nun den gefärbten Essig langsam in die vorbereitete Mischung schütten.

Was ist passiert?
Die Mischung bildet Schaum und das Glas schäumt über. Der ausströmende Schaum sieht fast wie eine Vulkanexplosion aus.
Essig und Natriumbikarbonat reagieren miteinander. Dabei bildet sich Kohlendioxid, das dafür sorgt, dass die Mischung heftig anfängt zu sprudeln und überzuschäumen.

Früchte (Zitronen, Äpfel, Orangen, Pampelmuse) oder Kartoffeln, Eisen- oder Zinknägel, dicker Kupferdraht oder Kupfernägel, Messer, dünnes Kabel, Strommesser oder Glühlampe (1.2 V / 0.2 A)

keine

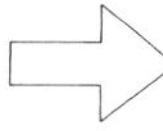

Motivierung und Aktivierung von Wissen, verstehendes Lernen, Experimentieren und Entdecken von naturwissenschaftlichen Phänomenen

Spielverlauf:
Was passiert, wenn in einem einfachen elektrischen Stromkreis die Stromquelle (Batterie) durch eine Frucht ersetzt wird?
Den Schülern wird folgende Aufgabe gestellt:

„Baue einen einfachen elektrischen Stromkreis bestehend aus Stromquelle, Glühlampe oder Strommessgerät und Verbindungsleitern. Nutze anstelle der Stromquelle eine Zitrone, in die du einen Kupfernagel und Zinknagel als Plus- und Minuspol so reinsteckst, dass sie sich nicht berühren."

Was ist passiert?
Das Lämpchen leuchtet oder das Strommessgerät zeigt eine messbare Stromstärke an. Zwischen der Fruchtsäure und den Metallen findet eine chemische Reaktion statt, sodass Elektronen freigesetzt werden. Elektronen vom Zink sammeln sich am Zinknagel, der negativ geladen wird. Diese fließen durch den geschlossenen Stromkreis zum Kupfernagel. Der Kupfernagel gibt die Elektronen an die Fruchtsäure ab, die dadurch positiv geladen wird. Elektrischer Strom fließt.

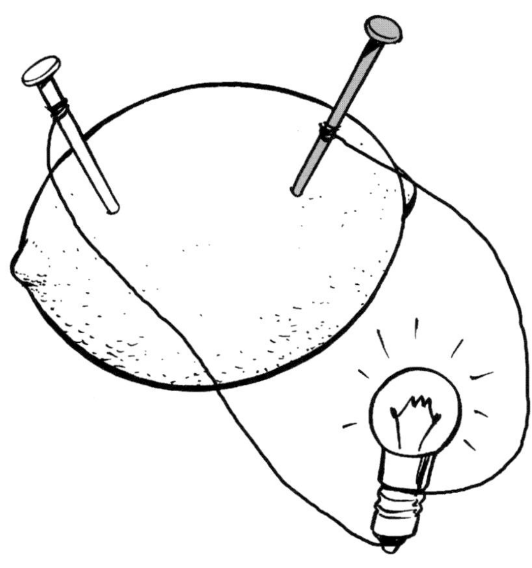

Draht, Wolle, Strohhalm, Zucker, Kleisterpulver, Neutralseife (Reiniger), Zucker, Wasser

keine

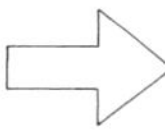
Motivierung von Wissen, Experimentieren, Arbeiten nach Anleitung, forschend Lernen

Spielverlauf:
Variante 1:
Die Schüler arbeiten nach Anleitung und stellen die Mischung zur Erzeugung von Seifenblasen nach Rezept her.

Variante 2:
Die Schüler entwickeln selbstständig ein Rezept zur Herstellung von Seifenblasen und protokollieren ihre Beobachtungsergebnisse. Es kann mit ganz einfachen Mischungen wie Spülmittel und Wasser begonnen werden.

Beispiel:
1. Seifenblasenlösung:
Vermische 800 ml kaltes Wasser mit einem Teelöffel Kleister. Achte darauf, dass sich der Kleister vollständig auflöst. Gib nun 75 ml Neutralseife dazu. Löse in 100 ml lauwarmen Wasser 50 g Zucker vollständig auf und gib es zu der Kleistermischung.

© Frank – stock.adobe.com

2. Seifenblasenring:
Biege aus Draht einen Ring (Durchmesser etwa 3 bis 5 cm). Lass am Ring ein etwa 15 cm langes Ende. Umwickle den Ring mit Wolle. Kürze einen Strohhalm so, dass er einen Zentimeter kürzer als dein Drahtende ist. Schiebe den Strohhalm über das Drahtende und biege das überstehende Stück über den Strohhalmrand.

3–4 gleich große Gläser (möglichst hoch), verschiedene Flüssigkeiten (Sirup, Pflanzenöl, Rotweinessig, Limonade oder Wasser), 3–4 gleich große kleine Glasmurmeln

keine

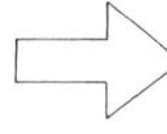
Experimentieren, entdeckendes Lernen, Motivierung und Aktivierung von Wissen

Spielverlauf:
Was passiert, wenn man vier Murmeln gleichzeitig in vier unterschiedliche Flüssigkeiten fallen lässt?
Vier Gläser mit unterschiedlichen Flüssigkeiten gleich voll, d. h. bis auf gleiche Höhe, auffüllen. Aus gleicher Höhe zwei Murmeln gleichzeitig in zwei Gläser fallen lassen und beobachten, welche Murmel am schnellsten auf dem Glasboden ankommt.

Was ist passiert?
Die Murmeln sinken in den unterschiedlichen Flüssigkeiten unterschiedlich schnell. Am schnellsten sinkt die Murmel im Wasser, dann im Rotweinessig, danach erreicht die Murmel im Öl den Boden. Am langsamsten ist die Murmel im Sirup.
Die Flüssigkeiten sind unterschiedlich „dick“. Jede besitzt eine andere Viskosität, das heißt die Reibung der Flüssigkeitsmoleküle untereinander ist bei jeder Flüssigkeit verschieden.

Tonpapier, Klebepunkte (drei verschiedene Farben), Schere, Zirkel, dünner Bindfaden (Garn), Nadel

Klebepunkte in drei unterschiedlichen Farben und in größeren Mengen besorgen

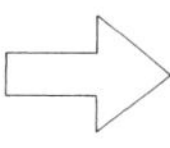

Motivierung und Aktivierung von Wissen, Recherchieren, Arbeiten mit Modellen, Entdecken chemischer Gesetzmäßigkeiten

Spielverlauf:
Jeder Schüler wählt sich ein chemisches Element aus den ersten zwanzig (laut Periodensystem) aus. Anschließend wird das Atommodell zum Element skizziert, um so einen „Bauplan“ festzulegen. Das Atommodell ist ein Schalenmodell und kann nur ein Isotop des gewählten Elementes darstellen.

Beispiel:
Bauanleitung:

1. Zeichne auf das Tonpapier konzentrische Kreisringe (alle Kreise um den gleichen Mittelpunkt). Beginne mit einem Radius von 2 cm und erhöhe den Radius für jeden weiteren Kreis um jeweils 1 cm.
2. Schneide die Kreise und Kreisringe wie folgt aus: Beginne mit dem inneren Kreis – das wird der Atomkern. Schneide dann die 1 cm dicken Kreisringe aus.
3. Für dein Modell brauchst du nur jeden zweiten Kreisring, beginnend vom inneren Kreis. Lege diese bereit.
4. Die Klebepunkte stellen die Elektronen, Protonen und Neutronen dar. Beklebe zuerst den Atomkern. Klebe so, dass die Klebepunkte an gleicher Stelle auf Vorder- und Rückseite der Kreisringe sind für einen räumlichen Effekt.
5. Verbinde nun den Kern und die Ringe, indem du alles sorgfältig auffädelst. Achte auf eine räumliche Ausrichtung.

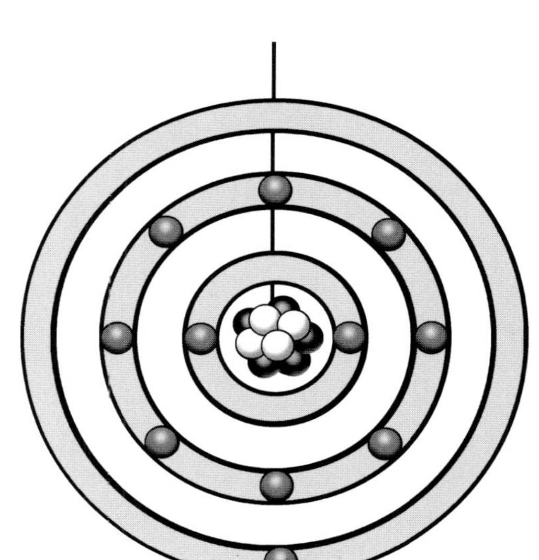

grobkörniges Salz, gemahlener Pfeffer (handelsübliche Gewürze in Gewürzspendern), farbiges Kopierpapier, Geodreieck oder Plastiklöffel

keine

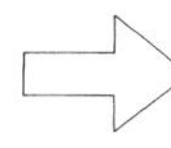

Entdecken physikalischer Phänomene oder als Einstieg in das Themengebiet „Elektrische Ladungen“, Durchführung von gezielten Beobachtungen, Benennen von Beobachtungsergebnissen

Spielverlauf:
Kann man das Salz wieder vom Pfeffer trennen?
Auf das farbige Blatt Papier wird etwas Salz und Pfeffer gestreut. Mit dem Finger werden die Gewürze gemischt, sodass eine Gewürzmischung entsteht.
Nun wird das Geodreieck (eine Kante davon) oder der Plastiklöffel an der körpereigenen Kleidung gerieben (elektrostatisch aufgeladen) und über die Gewürzmischung gehalten, ohne diese direkt zu berühren.

Hinweis: Besonders gut als „Reibematerial“ eignen sich Haare (ohne Gel) oder Fell.

Was ist passiert?
Weil der Löffel durch die Reibung elektrostatisch aufgeladen wurde, wirken elektrische Kräfte zwischen dem Löffel und den Gewürzen.
Salz- und Pfefferkörner springen an den Löffel. Wird der Löffel nicht zu tief gehalten, springen zuerst die Pfefferkörnchen an den Löffel, weil sie eine geringere Masse als die Salzkörnchen haben.

farbiges Tonpapier: rot, grün, gelb

im Postkartenformat farbige (rote, grüne und gelbe) Karten als Klassensatz von jeder Farbe zuschneiden

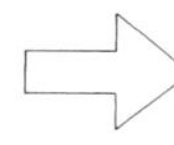
Wiederholung und Aktivierung von Wissen „quer durch die Chemie“ oder zu speziellen Themen

Die Aussage ist falsch.

Ich weiß nicht, ob die Aussage wahr oder falsch ist.

Die Aussage ist wahr.

Spielverlauf:
Jeder Schüler erhält eine rote, grüne und gelbe Postkarte. Der Lehrer formuliert chemikalische Aussagen, die wahr oder falsch sind. Entscheidet ein Schüler, dass eine Aussage wahr ist, hebt er das grüne „Ampelkärtchen“. Bei der Entscheidung „Die Aussage ist falsch“, hält er das rote „Ampelkärtchen“ nach oben. Ist „wahr“ oder „falsch“ nicht klar zuzuordnen, wird das gelbe „Ampelkärtchen“ gezeigt.

Beispiele:
Thema Zustandsänderung:
„Schmelzen ist der Vorgang, bei dem ein fester Körper flüssig wird.“
„Beim Erstarren geht ein gasförmiger Stoff in den festen Zustand über.“

Quer durch die Chemie:
„Aluminium ist ein Leichtmetall.“
„Metallhaltiges Gestein nennt man Erz.“
„Ameisensäure ist ein anderer Name für Ascorbinsäure.“

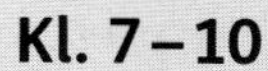

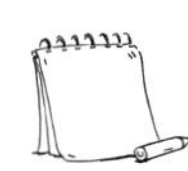
DIN A4 Arbeitsblatt mit 2 bis 6 Bingo-Feldern

Bingo-Felder (Quadrat mit 5 x 5 Kästchen)

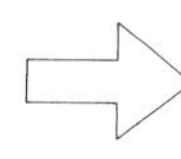
Motivierung und Aktivierung von Wissen, Umgang mit Symbolen, Verknüpfung von Wissensinhalten

Spielverlauf:
Variante 1: Der Lehrer nennt chemische Elemente und die Schüler suchen das entsprechende Elementsymbol in ihren Bingo-Feldern. Ergeben sich bei einem Schüler vier der genannten Symbole in einer Reihe, Spalte oder Diagonalen, so ruft derjenige „Bingo".

Variante 2: Je ein Schüler nennt ein chemisches Element.

Variante 3: Der Lehrer beschreibt chemische Elemente mit ihren Eigenschaften und Verwendungszwecken.

Hinweis: Mögliche Beschreibungen zu Variante 3
- Hell silbrig glänzendes Metall, magnetisch, wird bei der Modeschmuckherstellung verwendet (Nickel)
- Graues flüssiges Metall, wurde früher als Thermometerflüssigkeit genutzt (Quecksilber)

Beispiel:

Mögliches Bingo Feld:

S	**Al**	**O**	**H**	**Fe**
He	**Co**	**As**	**Po**	**Mg**
C	**Cu**	**P**	**N**	**Na**
Cl	**Ti**	**U**	**Ra**	**Kr**
F	**N**	**Mn**	**Xe**	**Ni**

16–20 Fragekarten, 4 Jokerkarten, Spielfeld

Fragekarten (Postkartengröße) in vier Schwierigkeitsstufen zu einem Thema für insgesamt vier Kategorien vorbereiten, Jokerkarten erstellen

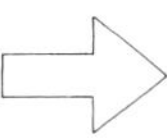

Motivierung und Aktivierung von Wissen, Sicherung von Wissen, Kommunikation und Strategie

Spielverlauf:
Gespielt wird wie bei der TV-Quizshow:
Die Klasse wird in fünf Gruppen aufgeteilt. Der Sprecher jeder Gruppe wählt Thema und Schwierigkeitsgrad. Die Frage muss innerhalb einer Minute beantwortet werden.
Jede Gruppe erhält 2 000 Punkte Startguthaben, da bei falschen Antworten die Punkte abgezogen werden. Trifft man auf einen Joker, erhält die Gruppe die Punkte ohne Frage.

Hinweis: Wenn jedem Thema ein Joker zugeordnet wird, können die restlichen thematischen Fragen für die Kategorie „Verschiedenes“ genutzt werden.

Beispiel:

Salze	Säuren	Luft	Wasser	Verschiedenes
100	100	100	100	100
200	200	200	200	200
300	300	300	300	300
400	400	400	400	400

Fragekarten, Antwortkarten in Klassenstärke

Fragekarten und Antwortkarten in Klassenstärke vorbereiten, evtl. laminieren und zerschneiden

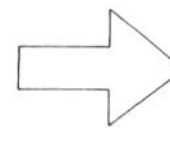

Motivierung und Aktivierung von Wissen, Sicherung von Wissen, Kommunikation, Wiederholung von Wissensinhalten mit Lernhilfen

Spielverlauf:
In einer zweispaltigen Tabelle werde in Klassenstärke vom Lehrer ca. 30 Fragen (linke Spalte) und die 30 dazugehörigen Antworten (rechte Spalte) vorbereitet. Die Spalten sollten unterschiedlich farbig unterlegt sein – eine Farbe für die Fragen und eine für die Antworten. Eventuell das Blatt laminieren und anschließend in die einzelnen Fragen- und Antwortkarten zerschneiden.
Jeder Schüler erhält eine „Fragekarte“ und eine nicht passende „Antwortkarte“.
Ein Schüler beginnt, indem er seine Frage vorliest, und alle anderen müssen auf ihre Antwortkarte schauen, ob sie die entsprechende Antwort haben. Der Schüler, der die richtige Antwort hat, liest diese laut vor und stellt dann die nächste Frage.

Hinweis: Geeignet sind alle „W“ Fragen.

Beispiele:
- Was ist eine Oxidation?
- Was versteht man unter endotherm?
- Wie nennt man die Energie, mit der Reaktionen gestartet werden?
- Welche Trennverfahren nutzt man bei der Kochsalzherstellung?

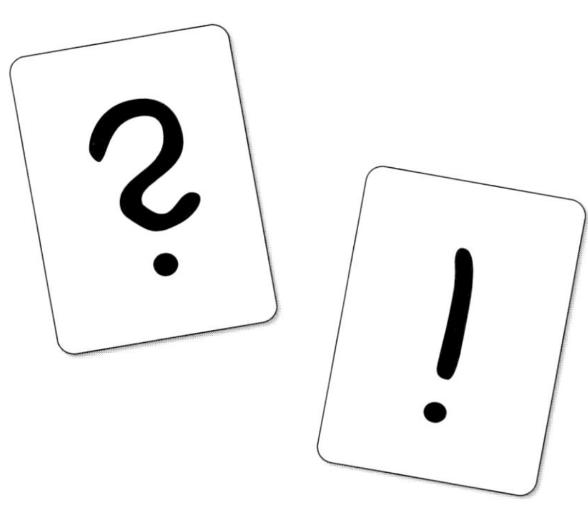

 „Heißer Stuhl", Zahlenkarten entsprechend der Schülerzahl der Klasse

 keine

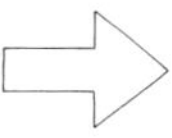 Motivierung und Aktivierung von Wissen, Sicherung von Wissen, Kommunikation, Reproduktion von Wissensinhalten

Spielverlauf:
An der Tafel werden bis zu drei Begriffe, Themen oder Symbole notiert.
Jeder Schüler notiert sich zu den an der Tafel fixierten Inhalten zwei bis drei Fragen.
Aus den Zahlenkarten wird eine gezogen. Der Schüler, der laut Klassenliste dieser „Zahl" zugeordnet ist, nimmt auf dem heißen Stuhl Platz. Die Klasse darf ihm jetzt ihre Fragen stellen.

Variante 1:
Jeder Schüler der Klasse darf dem Schüler auf dem heißen Stuhl eine Frage stellen, dann wird gewechselt.

Variante 2:
Die Anzahl der Fragen, die gestellt werden dürfen, ist im Vorfeld festgelegt. Beispielsweise kann nach zehn gestellten Fragen ein Wechsel erfolgen. Um Wiederholungen einzugrenzen, sollten nach drei Runden auch die Themen gewechselt werden.

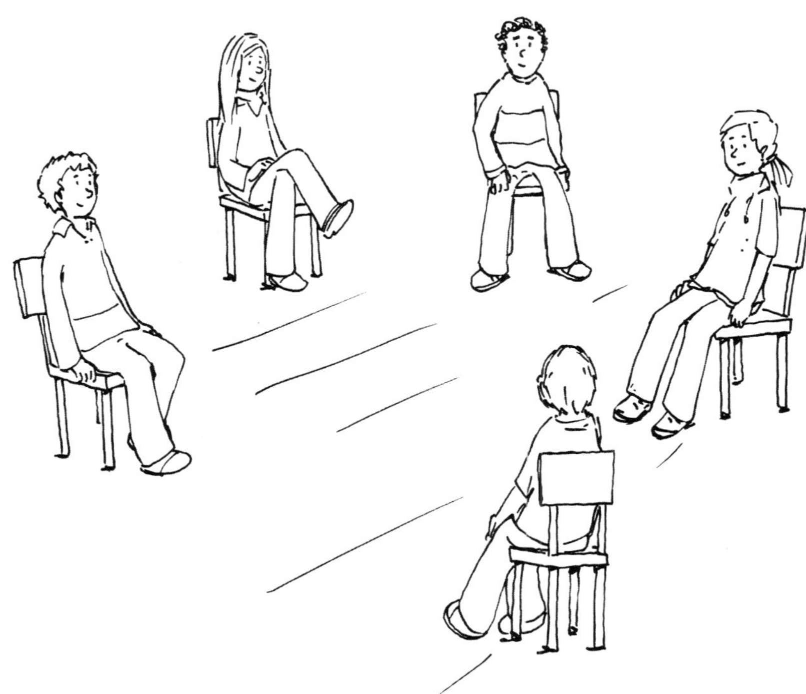

20 Min.

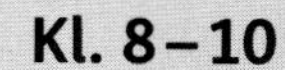
Kl. 8–10

ca. 30 Begriffskarten, Eieruhr

Begriffskarten (halbes Postkartenformat) vorbereiten

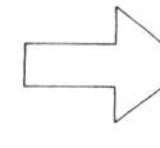
Wiederholen und Sichern von Wissen, Motivation, Kreativität, Kommunikation

Spielverlauf:
Die Klasse wird in zwei Gruppen eingeteilt. Jede Gruppe stellt einen Zeichner. Außerdem wird ein Zeitwächter und einer, der die Punkte zählt, benötigt.
Es wird wie folgt gespielt:
Nach einem Startkommando wird die Eieruhr umgedreht, der Zeichner nimmt eine Karte vom Stapel und beginnt, an der Tafel den Begriff im Bild darzustellen. Die Gruppenmitglieder des Zeichners müssen den Begriff raten. Jetzt gilt es, möglichst viele Begriffe während eines Durchlaufs der Eieruhr zu erraten. Ist die festgelegte Zeit abgelaufen, ist die andere Gruppe an der Reihe. Am Ende hat diejenige Gruppe gewonnen, die die meisten Begriffe erraten hat.

Folgende Regeln sollten für das Spiel vereinbart werden:
- Es dürfen keine einzelnen Buchstaben oder Wörter gezeichnet werden.
- Der Zeichner darf maximal zweimal hintereinander „weiter“ sagen (beim Aufdecken der Karte), wenn er erkennt, dass er den aufgedeckten Begriff nicht zeichnen kann.

Beispiele:

 ggf. Chemiebuch, Chemiemappe mit eigenen Aufzeichnungen

 keine

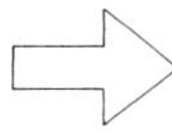 Wiederholen und Sichern von Wissensinhalten am Ende einer Themenreihe

Spielverlauf:
Gearbeitet wird in drei Phasen.

Phase 1: Jeder Schüler hat in Einzelarbeit ca. 10 Minuten Zeit, um sich 5 bis 10 „Interviewfragen" bzw. Aufgaben zu notieren.

Phase 2: Beginn der Partnerarbeit. Ein Schüler beginnt und interviewt seinen Sitznachbarn: Er stellt ihm die notierten Fragen und macht sich Notizen zu den Antworten.

Phase 3: Rollentausch in der Partnerarbeit. Der Schüler, der zuerst die Fragen gestellt hat, beantwortet jetzt die Fragen seines Partners.

Beispiele:
Mögliche Interviewfragen am Beispiel von...

... Chemie – eine Naturwissenschaft?	**... Radioaktiver Strahlung**
1. Warum wird die Chemie als Naturwissenschaft bezeichnet?	1. Wie heißt ein Vorgang, bei dem radioaktive Strahlung entsteht?
2. Nenne vier weitere Naturwissenschaften.	2. Welche Arten der radioaktiven Strahlung gibt es?
3. Nenne die wichtigsten Tätigkeiten beim Experimentieren.	3. Wer hat die Kernspaltung entdeckt?
4. Nenne drei Berufe, die mit Chemie zu tun haben.	4. Was sind Betateilchen und wie entstehen sie?
5. Nenne drei chemische Vorgänge aus dem Alltag.	5. Was ist die C14-Methode?

Spielfeld, Würfel, Spielfiguren, ca. 30 Aufgabenkarten, Lösungsblatt

Aufgabenkarten und Lösungsblatt vorbereiten, Spielplan ausdrucken und laminieren

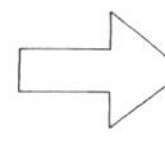

Wiederholen und Sichern von Wissen, Einprägen von Begriffen, Kommunizieren, Aktivierung von Wissen

Spielverlauf:
Gespielt wird in Gruppen mit jeweils vier Spielern. Davon sind drei aktiv am Spiel beteiligt und der vierte Mitspieler übernimmt die Rolle des Spielleiters.
Die Aufgabenkarten werden gut gemischt und verdeckt als Stapel auf das vorgesehene Feld gelegt. Das Spiel beginnt auf dem Feld „Start". Entsprechend der gewürfelten Augenzahl wird die Spielfigur auf dem Spielfeld bewegt. Gelangt man auf ein graues Feld, muss eine Aufgabenkarte aufgedeckt und die entsprechende Aufgabe gelöst werden. Bei richtiger Lösung rückt man drei Felder vorwärts, bei falscher Antwort fünf Felder zurück.
Der Spielleiter hat das Lösungsblatt zu den Aufgaben und überwacht das richtige Antworten. Gewonnen hat, wer zuerst am Ziel eingetroffen ist.

Beispiel:

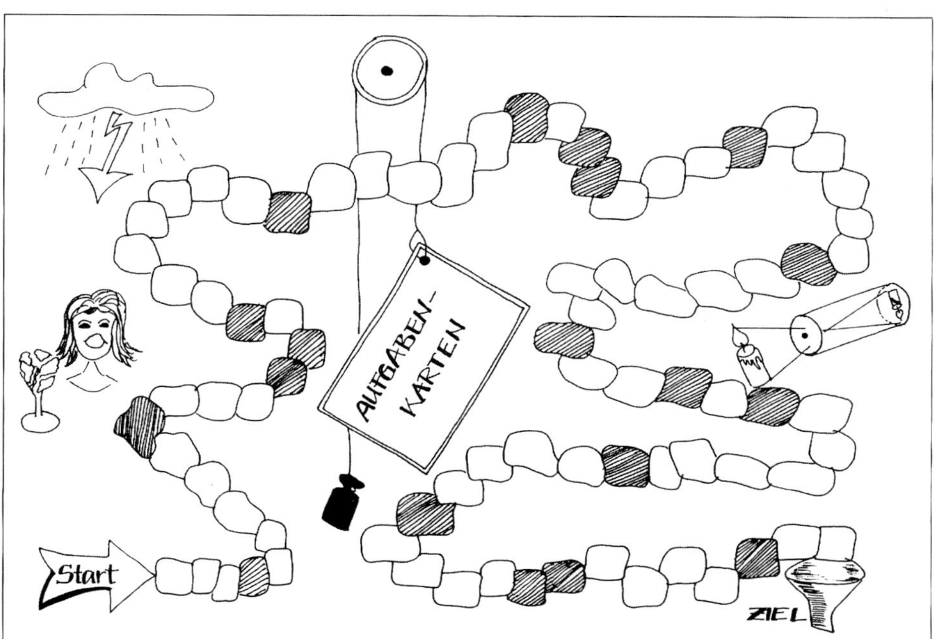

Sandwuhr, Tischglocke (oder Handhupe, Kinderspielzeug), Tabukarten

Tabukarten vorbereiten, alternativ Blankokarten aus Tonkarton im halben Postkartenformat und die Schüler (Mannschaften) schreiben vor Beginn des Spiels ihre eigenen Tabukarten

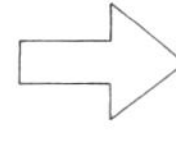

Wiederholung, Sicherung und Aktivierung von Wissen

Spielverlauf:
Die Klasse oder Lerngruppe wird zu Beginn in zwei zahlenmäßig möglichst gleich große Gruppen aufgeteilt.
Die erste Mannschaft stellt einen „Erklärer", die zweite Mannschaft einen „Zeitwächter" und einen „Hupmeister".
Der „Erklärer" hat die Aufgabe, seiner Mannschaft innerhalb einer bestimmten Zeit so viele Begriffe wie möglich zu erklären, ohne dabei ein gegebenes „Tabuwort" zu benutzen. Wird ein „Tabuwort" benutzt, muss der nächste Begriff erklärt werden.
Der „Zeitwächter" hat die Aufgabe, die Uhr zu starten, zu beobachten und bei abgelaufener Zeit „Stopp" zu rufen.
Der „Hupmeister" überwacht das Erklären und hupt immer dann, wenn ein „Tabuwort" verwendet wurde und wenn die Zeit abgelaufen ist.
Nach abgelaufener Zeit wechseln die Mannschaften. Gewonnen hat die Mannschaft, welche die meisten Begriffe erraten konnte.

Beispiele:

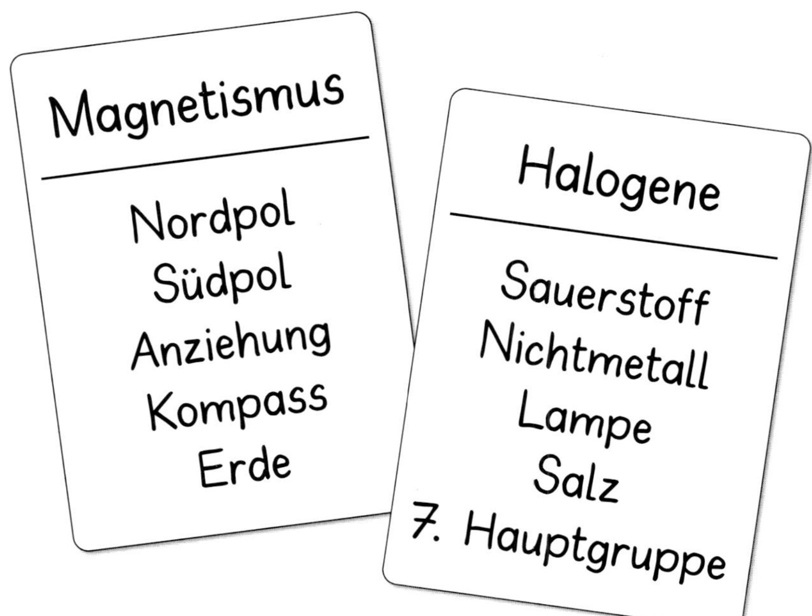

Wissensquiz „Clevere Chemiker“

ein Wissensquiz in Form eines mathematischen Rätsels erstellen

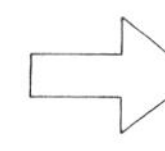

Wiederholung und Sicherung von Wissensinhalten zum Atombau

Spielverlauf:
Vom Lehrer wird ein Wissensquiz in Form eines mathematischen Rätsels vorbereitet, z. B. wie folgt:
„Chemiker sind clever und besitzen eine gute Beobachtungsgabe.

Denke dir eine Zahl zwischen 1 und 20.
Rechne mit dieser Zahl in der Reihenfolge der Aufgaben, indem du die jeweiligen Operatoren verwendest, die hinter der Lösung der Aufgabe stehen.“

Beispiel:

1. Welche Teilchen bilden den Atomkern? a: nur Neutronen **+ 2** b: nur Positronen **– 7** c: Neutronen und Protonen **+ 8**	**2. Wie ist die Hülle eines Atoms geladen?** a: nicht geladen **+ 6** b: negativ **– 5** c: positiv **· 2**	**3. Was gibt die Massenzahl an?** a: Zahl der Neutronen **· 8** b: Zahl der Protonen **: 2** c: Zahl der Protonen und Neutronen zusammen **+ 15**	**4. Was geschieht, wenn aus der Atomhülle ein Elektron entfernt wird?** a: Das Atom zerfällt. **+ 13** b: Das Atom wird negativ. **– 20** c: Das Atom wird zum positiven Ion. **+ 5**
5. Worin unterscheiden sich die Isotope eines Elements? a: in der Neutronenzahl **+ 10** b: in der Ordnungszahl **+ 5** c: in der Kernladungszahl **+ 11**	**6. Welche Massenzahl hat ein Uranatom mit 92 Protonen und 143 Neutronen im Kern?** a: Massenzahl 143 **+ 26** b: Massenzahl 235 **– 13** c: Massenzahl 92 **· 7**	**7. Welche Atomschreibweise gehört zum Wasserstoffisotop H-2?** a: $^{1}_{1}H$ **· gedachte Zahl** b: $^{2}_{1}H$ **– gedachte Zahl** c: $^{1}_{2}H$ **: gedachte Zahl**	**8. Welche elektrische Ladung haben Protonen?** a: positiv **: 4** b: neutral **+ 10** c: negativ **– 100**

Wenn du alle Fragen richtig beantwortet hast (und zudem richtig gerechnet hast), solltest du 5 erhalten.
Warum kommt jeder zum gleichen Ergebnis?
$(x + 8 - 5 + 15 + 5 + 10 - 13 - x) : 4 = 5$

Domino, Briefumschläge, eventuell Formelsammlung

Dominospiel so herstellen, dass im linken Feld immer eine Antwort steht und im rechten Feld eine Frage bzw. Aufgabe.

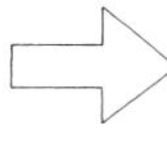
Wiederholung und Aktivierung von Wissen, Üben und Anwenden von Gelerntem

Spielverlauf:
Die „Dominosteine" werden gut gemischt und verdeckt vor die Spieler gelegt.
Jeder Mitspieler zieht fünf „Steine" und legt diese offen vor sich hin. Wer den Stein mit dem Startfeld hat, beginnt. Hat er einen passenden Anlege-Stein, kann er sofort weiterspielen. Ist das Anlegen eines neuen Steines nicht möglich, ist der nächste Spieler an der Reihe. Wenn dieser nicht anlegen kann, muss er einen weiteren Stein ziehen. Gewonnen hat der Spieler, der als Erster alle seine Steine anlegen konnte.

Hinweis: Es sollten mindestens 20 Dominosteine angefertigt werden. Beim ersten Austeilen sollte die Start-Karte mit enthalten sein.

Beispiel:

Antwort	Frage
Start	Welche Bindungsart liegt bei Kochsalz vor?
Ionenbindung	Welche Bindungsart haben Moleküle?
Elektronenpaarbindung	Wie heißt ein elektrisch negativ geladenes Ion?
Anion	Sind Stoffe mit Metallbindung im Wasser löslich?
Ist in Wasser nicht löslich.	Wie heißt ein elektrisch positiv geladenes Ion?
Kation	…

Gummitwist

20 Min. **Kl. 5–8**

Arbeitsblatt, Plakat (DIN A2), Hutgummifäden, Pinnnadeln oder Heftzwecken

Arbeitsblatt in Form einer Tabelle (3 Spalten) vorbereiten

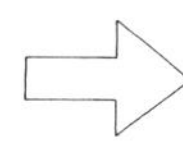

Wiederholung und Sicherung von Wissen, Erkennen von Zusammenhängen

Spielverlauf:
Plakat so aufhängen, dass es für alle Schüler gut einsehbar ist. Die Gummibänder sollten schon am linken Rand der mittleren Spalte befestigt sein und lose am Plakat herunterhängen.
Mithilfe einer Meldekette wird nacheinander jedem Satzanfang sein Satzende zugeordnet und somit entsprechend das Gummiband gespannt und befestigt. Sind alle Zuordnungen erfolgt, erhält jeder Schüler das zum Plakat passend angefertigte Arbeitsblatt und zeichnet entsprechend der gespannten Gummifäden die Verbindungslinien ein.

Hinweis: Um den Lerneffekt zu erhöhen, können Zeilen auf dem Arbeitsblatt im Vergleich zum Plakat vertauscht sein.

Beispiel:

Elektrische Energie wird ...		... Turbinen an.
Man unterscheidet verschiedene ...		... wird der Strom transportfähig gemacht.
Im Wärmekraftwerk treibt heißer Wasserdampf ...		... in Kraftwerken erzeugt.
Die Turbine setzt ...		... einem Fahrraddynamo.
Der Generator ist vergleichbar mit ...		... von Ladungsteilchen, den Elektronen.
Er besteht aus ...		... Drahtspulen und Magneten.
Am Generator ist ...		... Kraftwerkstypen.
Im Transformator ...		... den Generator in Gang.
Strom ist die Bewegung ...		... Licht, Wärme oder Bewegung umgewandelt.
Der Strom wird in ...		... ein Transformator angeschlossen.

dickes Papier (Tonkarton), kariertes DIN A4-Blatt im Querformat (oder eine Kopie mit vorbereiteter Tabelle), Karten mit den Namen chemischer Elemente, Stoffe oder Materialien

dickes Papier (z. B. Tonpapier) im Postkartenformat zuschneiden, Namen chemischer Elemente, Stoffe oder Materialien aufdrucken oder darauf schreiben (ein Name pro Karte)

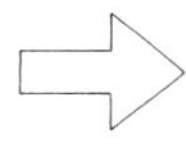
Aktivierung und Wiederholung von chemischem Grundlagenwissen

Spielverlauf:
Vom Lehrer werden Kärtchen mit den chemischen (auch mathematischen) Begriffen vorbereitet und auf einen Stapel gelegt. Ein Schüler nennt eine Zahl zwischen eins und zwanzig. Die der Zahl entsprechende Karte im Stapel wird aufgedeckt und der Begriff bekanntgegeben (entsprechend dem Spiel „Stadt-Land-Fluss“).

Beispiel:

Element	Eigenschaft 1	Eigenschaft 2	Aggregatzustand bei 20 °C	Alltagsbezug	Erzielte Punkte
Eisen	grau	magnetisch	fest	Wasserhahn	
Holz	hart	brennbar	fest	Fenster–rahmen	

Punktevergabe:
Sinnvoll ist es, auf jede richtige Lösung 5 Punkte zu geben. Keine Lösung bedeutet 0 Punkte. Bei unterschiedlichen Nennungen sollten 10 Punkte vergeben werden.

 Wäscheklammern oder Büroklammern, Klammerkarte

 Klammerkarte mit Vorder- und Rückseite (beidseitiger Druck) herstellen

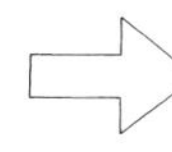 Wiederholung und Sicherung von Wissensinhalten, selbstständiges Lernen, Reflektieren von Fehlern

Spielverlauf:
Im rechten Bereich der Karte wird an jede richtige Lösung eine Büroklammer gesetzt. Nach dem Zuordnen wird die Karte umgedreht. Die grauen Felder auf der Rückseite ermöglichen die Selbstkontrolle: Stimmen sie mit den Klammern überein, ist alles richtig. Bei falschen Lösungen wird die Klammer abgenommen und die Aufgabe noch einmal bearbeitet.

Beispiel:
- Aufgaben quer durch die Chemie oder speziell zu einem Thema mit Vorgabe von drei Lösungen – nur eine davon ist richtig.
- Abbildungen chemischer Vorgänge mit Aussagen zum Bild, bei denen die Schüler zwischen Beobachtung und Vermutung entscheiden müssen.

Klammerkarte (Vorderseite) | Rückseite

Eine schnell ablaufende chemische Reaktion:	Zerfall	
	Oxidation	
	Emulsion	
Ein Molekül besteht aus ... Atom / Atomen.	einem	
	zwei	
	mehreren	
Die chemische Formel für Kochsalz ist	Na_2Cl.	
	$NaCl_2$.	
	NaCl.	
Reagieren Natrium und Chlor miteinander läuft eine ... ab.	Redoxreaktion	
	Oxidbildung	
	Polymerisation	
In Kohlenstoffdioxid sind ... Atome vorhanden.	drei	
	zwei	
	fünf	

Knickkante

keine

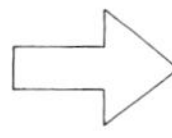

keine

Aktivierung von Wissen, Meinungsbildung, Kreativität, Recherchieren von Wissen, Argumentieren

Spielverlauf:
Die Klasse wird in zwei Gruppen (PRO und KONTRA) aufgeteilt, beide Gruppen sitzen sich gegenüber. Jede der „großen" Gruppen wird noch einmal in drei kleine Gruppen unterteilt.
Die drei Kleingruppen der PRO-Seite haben nun die Aufgabe, zu einem bestimmten Themengebiet befürwortende Argumente zu finden. Die drei Kleingruppen der KONTRA-Seite haben die Aufgabe, Argumente zu finden, welche dagegenhalten.
In einem „Streitgespräch" wird anschließend je ein Argument der PRO-Seite angehört, die KONTRA-Seite erwidert mit einem passenden Gegenargument.

Beispiel:
Kochsalz – Heilmittel oder Schadstoff?

PRO	KONTRA
Salz regelt beim Menschen den Wasserhaushalt und ist an der Erregung von Nerven und Muskeln beteiligt.	Übermäßige Zufuhr von Salz (z. B. durch Lebensmittel) ist gesundheitsschädigend.
Kochsalz ist im Handel sehr preiswert.	Industriell gefertigte Salze enthalten Chemikalien wie Natriumnitrit, welche dem Körper schaden.
Viele Produkte der chemischen Industrie (Waschmitte, Lacke) können nur mit Kochsalz produziert werden.	Gesundes Natursalz verliert einige seiner heilenden Substanzen.

Pro Kleingruppe: Informationsmaterialien zu einem Thema, bspw. Tabelle mit Vitamin-C-Gehalt in Lebensmitteln, Übersicht über den Bedarf an Vitamin C in verschiedenen Lebensphasen, Rezept für einen Obstsalat, Bestandteile einer Multivitamin-Brausetablette

keine

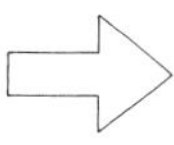

Recherchieren von Wissen, Auswertung von Daten, Motivierung von Wissen, Erkennen von Zusammenhängen, Denkprozesse vernetzen, Kommunizieren und Bewerten

Spielverlauf:
Die Klasse wird in Kleingruppen von bis zu sechs Schülern aufgeteilt. Jede Kleingruppe erhält das oben beschriebene Arbeitsmaterial.
An der Tafel werden fünf unterschiedliche Thesen zum Thema, beispielsweise Vitamin C, festgehalten.
Jede Gruppe muss sich drei der fünf Thesen aussuchen und darüber in der Gruppe diskutieren, um anschließend im Plenum Stellung dazu zu nehmen.

Beispiel:
Mögliche Thesen zu Vitamin C:
- Jeder Mensch sollte jeden Tag eine Vitamin C Brausetablette zu sich nehmen.
- Der Bedarf an Vitamin C steigt mit zunehmendem Alter an.
- Man kann gar nicht genug Vitamin C zu sich nehmen.
- Mit dem Wachstum eines Menschen nimmt der Vitamin C Bedarf ab.
- Rote Früchte haben einen höheren Vitamin-C-Gehalt als gelbe Früchte.

 Rollenkarten

 eine Moderatoren- und vier Expertenrollenkarten, passend zum Thema vorbereiten

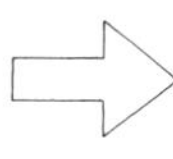 Recherchieren von Wissen, Auswertung von Daten, Motivierung von Wissen, Erkennen von Zusammenhängen, Denkprozesse vernetzen, Kommunizieren und Bewerten, Argumentieren

Spielverlauf:
Eine Talkshow muss vorbereitet sein. Dafür kann Zeit im Unterricht zur Verfügung oder Rechercheaufgaben als vorbereitende Hausaufgabe gestellt werden.
In der Klasse übernehmen vier bis fünf Schüler eine „Rolle". Ein Schüler sollte die Rolle des Moderators übernehmen und vier weitere die „Expertenrollen" entsprechend der Themen. Alle anderen Schüler der Klasse sind das Publikum. Sie können genauso wie der Moderator Fragen an die Talkgäste stellen.

Beispiele:
Energiegewinnung auf dem Prüfstand, Umweltverschmutzung, Wasser – kostbar und vielseitig, Wohin mit dem Müll?, Kunststoffe in allen Lebensbereichen

<u>Wasser – kostbar und vielseitig</u>
Moderator:
- stellt seine Gäste kurz vor,
- stellt jedem Gast die erste Frage und eröffnet die Diskussion,
- moderiert zwischen Gästen und Publikum.

Gäste:
- Biologe, der über Wasser als Lebensraum spricht.
- Umweltschützer, der über die Verschmutzung von Gewässern spricht.
- Experte vom Wasserwerk, der über Trinkwasserqualität spricht.

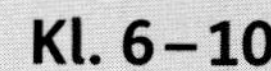

 Hut, Karten mit Berufen

 Karten mit Berufsbezeichnungen vorbereiten

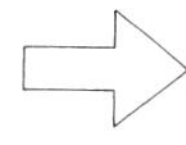 Aktivierung von Wissen, Meinungsbildung, Kreativität, Recherchieren von Wissen

Spielverlauf:
Der erste Schüler setzt sich der Klasse gegenüber und setzt den Hut auf. Auf die Hutkrempe wird vom Spielleiter (kann ein Schüler sein) eine Karte gestellt. Die Mitspieler können nun lesen, welchen Beruf ihr Gegenüber ausübt.
Der Schüler mit dem Hut kennt seine Tätigkeit nicht. Er muss durch geschicktes Fragen herausfinden, welchen Beruf er ausübt. Dafür darf er seinen Mitspielern bis zu 20 Fragen stellen. Sie müssen mit „ja“ oder „nein“ beantwortbar sein.
Als Antwort kann er von den Mitspielern aber auch „eventuell“, „nicht eindeutig beantwortbar“ oder „völlig unwichtig“ bekommen. Alle Antworten müssen aber stimmen.
Der Spielleiter zählt die Anzahl der Fragen und passt auf, dass keine falschen Antworten gegeben werden.

Hinweis:
Einfachheitshalber sollte man vor Spielbeginn einmal alle Berufe, die zu erraten sind, vorlesen oder an der Tafel fixieren.

Beispiele:
Alle Berufe, die sich ausschließlich mit Chemie beschäftigen, oder Berufe, in denen das Wissen und die Anwendung einzelner chemischer Bereiche von Bedeutung ist: Chemielaborant, Pharmakant, Kosmetiker, Produktentwickler, Werkstoffprüfer, Laborant, Lebensmittelkontrolleur etc.

Gefahrvolles Quartett

20 Min.

Kl. 7–1

Quartett-Karten, Briefumschläge oder kleine Klickboxen zum Aufbewahren

Quartett-Karten gestalten, laminieren und zerschneiden

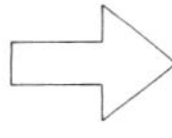

Wiederholung, Sicherung und Aktivierung von Wissen, Erkennen von Zusammenhängen

Spielverlauf:
Die Quartett-Karten werden gut gemischt und vollständig an alle mitspielenden Schüler verteilt. Sinnvoll sind 40 Karten bei vier mitspielenden Schülern.
Das Spiel beginnt, indem der erste Schüler von einem Mitspieler seiner Wahl eine bestimmte Karte erfragt. (Zum Beispiel: „Christoph, hast du E3?") Hat der angesprochene Mitspieler die Karte, muss er sie dem Fragenden abgeben und dieser darf weiterhin von unterschiedlichen Mitspielern Karten erfragen.
Hat ein Befragter die erwünschte Karte nicht in seinem Besitz, ist er an der Reihe. Besitzt ein Spieler ein vollständiges Quartett, so legt er dieses offen sichtbar für alle Mitspielenden ab. Gewonnen hat, wer am Ende die meisten Quartette ablegen konnte.

Beispiel:
Die Quartettkarten sind wie folgt aufgebaut: Gefahrensymbol > Kennbuchstabe > Gefahrenbezeichnung > Beispiel aus dem Alltag oder Chemikalie

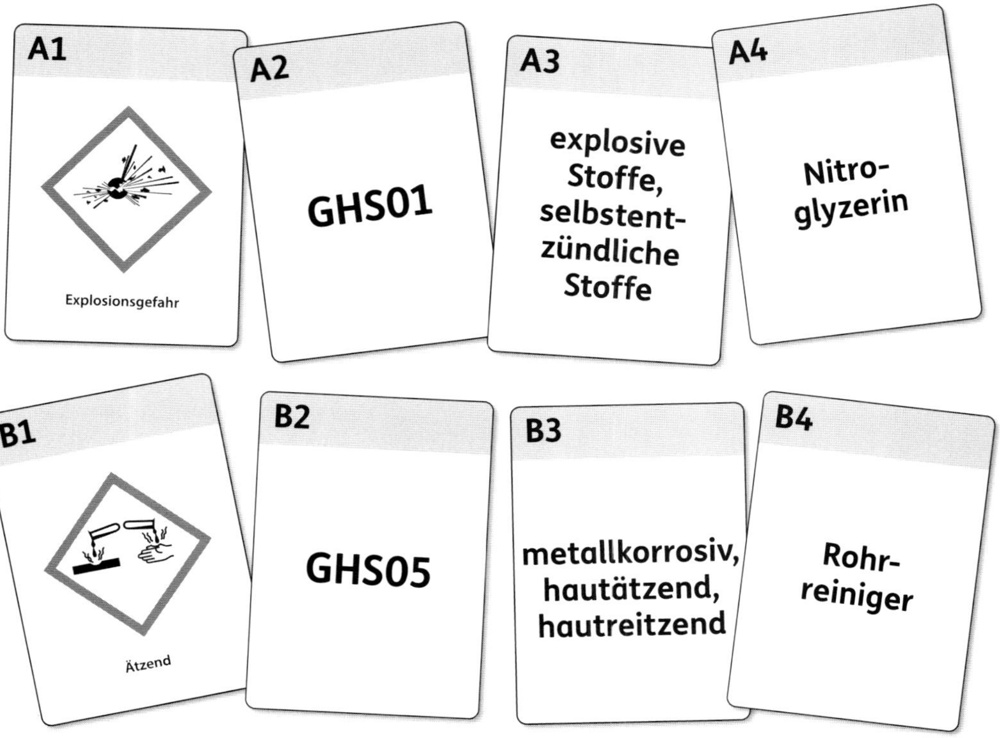

A1
Explosionsgefahr

A2
GHS01

A3
explosive Stoffe, selbstentzündliche Stoffe

A4
Nitroglyzerin

B1
Ätzend

B2
GHS05

B3
metallkorrosiv, hautätzend, hautreitzend

B4
Rohrreiniger

ärchen sammeln

15 Min.

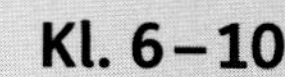

Kl. 6–10

Karten, Briefumschläge

Spielkarten im halben Postkartenformat herstellen, mit Abbildungen von Stoffgemischen und entsprechenden Aggregatzuständen der Bestandteile

Wiederholung und Sicherung von Wissen, Zuordnung nach chemischen Aspekten

Spielverlauf:
Bevor das Spiel beginnt, werden die Karten gut gemischt. Jeder Spieler erhält fünf Karten (ggf. nur mit Abbildungen bzw. nur mit Bezeichnungen). Die restlichen Karten werden verdeckt auf einen Stapel gelegt.
Der erste Spieler zieht eine Karte. Ergibt sich ein Pärchen, so kann er dieses ablegen. Ergibt sich kein Pärchen, so wird die Karte vor dem Stapel aufgedeckt abgelegt. Der nächste Spieler verfährt genauso.
Ist der Stapel aufgebraucht, bevor ein Spieler alle Karten loswerden konnte, so müssen die abgelegten Karten neu gemischt werden. Gewonnen hat der Spieler, welcher zuerst seine fünf Karten ablegen konnte.

Hinweis: Anstelle der Aggregatzustände kann auch die Art des Stoffgemisches wie Emulsion, Suspension, Rauch, Nebel, Legierung usw. genannt werden.

Beispiele:

© Sergii Moscaliuk – Fotolia.com

fest – fest

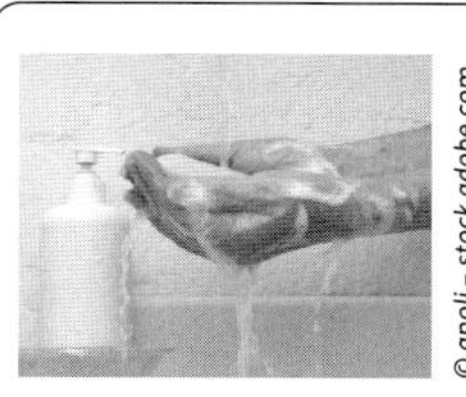

© anoli – stock.adobe.com

gasförmig – flüssig

© Roman Ivaschenko – stock.adobe.com

flüssig – flüssig

© karandaev – stock.adobe.com

fest – flüssig

Schwarzer Peter

15 Min. **Kl. 7–1**

Spielkarten, Briefumschlag oder kleine Klickbox zum Aufbewahren

Kartenspiel in einer der Realität entsprechenden Spielkartengröße (z. B. halbe Postkarte) herstellen, ggf. laminieren oder dickes Papier verwenden

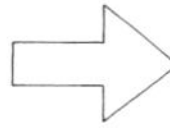

Wiederholen und Sichern von Wissen, Zuordnung von Stoffen

Spielverlauf:
Die Karten werden gut gemischt und vollständig an alle Mitspieler verteilt. Hat ein Mitspieler schon ein Kartenpaar in seiner Hand, so darf er es sofort vor sich auf dem Tisch ablegen.
Nun beginnt das Kartenziehen. Im Uhrzeigersinn darf der erste Spieler von seinem Sitznachbarn eine Karte ziehen. Ergibt sich mit der gezogenen Karte ein Paar, so wird dieses abgelegt. Ergibt sich kein Paar, so wird die Karte aufgenommen. Jetzt ist der Schüler an der Reihe, von dem gezogen wurde, usw.

Beispiele:

Metall

© Availaisu – stock.adobe.com

Eisen

Halogen

© Dario Loew-Albrecht – stock.adobe.com

Neon

Nichtmetall

© monamakela.com – stock.adobe.com

Schwefel

Spielkarten, Liste mit Lösungen, Briefumschlag

Spielkarten mit „Bildausschnitten“ vorbereiten, Liste mit vollständigem Bild und Bezeichnung des zu benennenden Bildausschnittes herstellen

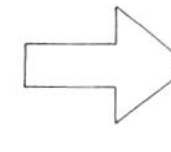

Aktivierung von Wissen, Erkennungsübung

Spielverlauf:
Die Karten werden gut gemischt und auf einem Stapel verdeckt abgelegt. Der Spielleiter hat die Kontroll-Liste. Nacheinander zieht jeder weitere Mitspieler eine Karte und benennt seine Abbildung. Ist die Zuordnung richtig, darf er die Karte behalten. Bei falscher Zuordnung haben die anderen Mitspieler die Chance, die richtige Zuordnung zu nennen. Gewonnen hat, wer die meisten Karten sammeln konnte.

Beispiel:

	Glühdraht einer Glühlampe / Glühlampe
	Rädchen eines Dynamos / Dynamo
	Flüssigkeitsgefäß eines Thermometers / Thermometer

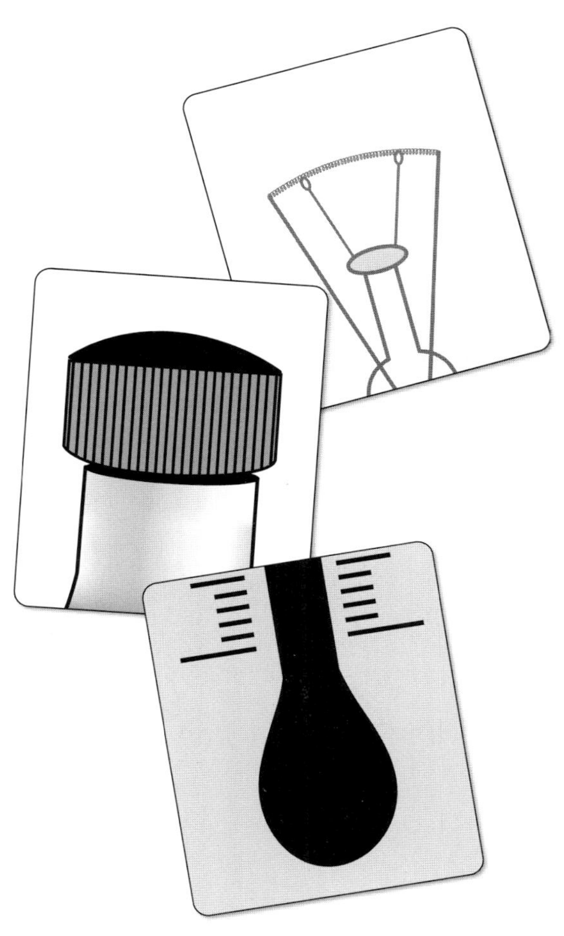

4 – 6 verschiedene Lottofelder, Bildmaterial für dazugehörige Lottokarten, Klarsichtfolien zum Aufbewahren

Lottofelder herstellen, ausdrucken und laminieren, Bildmaterial ausdrucken und ausschneiden, laminieren

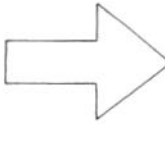
Wiederholung, Aktivierung und Sicherung von Wissen

Spielverlauf:
Das Lottofeld enthält Hinweise zu den Abbildungen, welche beim Spiel aufgelegt werden.
Das Abbildungsfeld enthält die passenden Abbildungen, es wird in seine einzelnen Teile zerschnitten.
Die Abbildungskarten werden gut gemischt und verdeckt auf dem Tisch (durcheinander) ausgebreitet. Jeder Mitspieler hat ein Lottofeld. Der erste Mitspieler zieht eine Karte und prüft, ob sie zu seinen Hinweisen passt. Gehört die Karte auf sein Lottofeld, darf er ein weiteres Mal ziehen. Passt die Karte nicht, wird sie verdeckt unter die anderen gemischt und der nächste Mitspieler ist an der Reihe.

Beispiel:

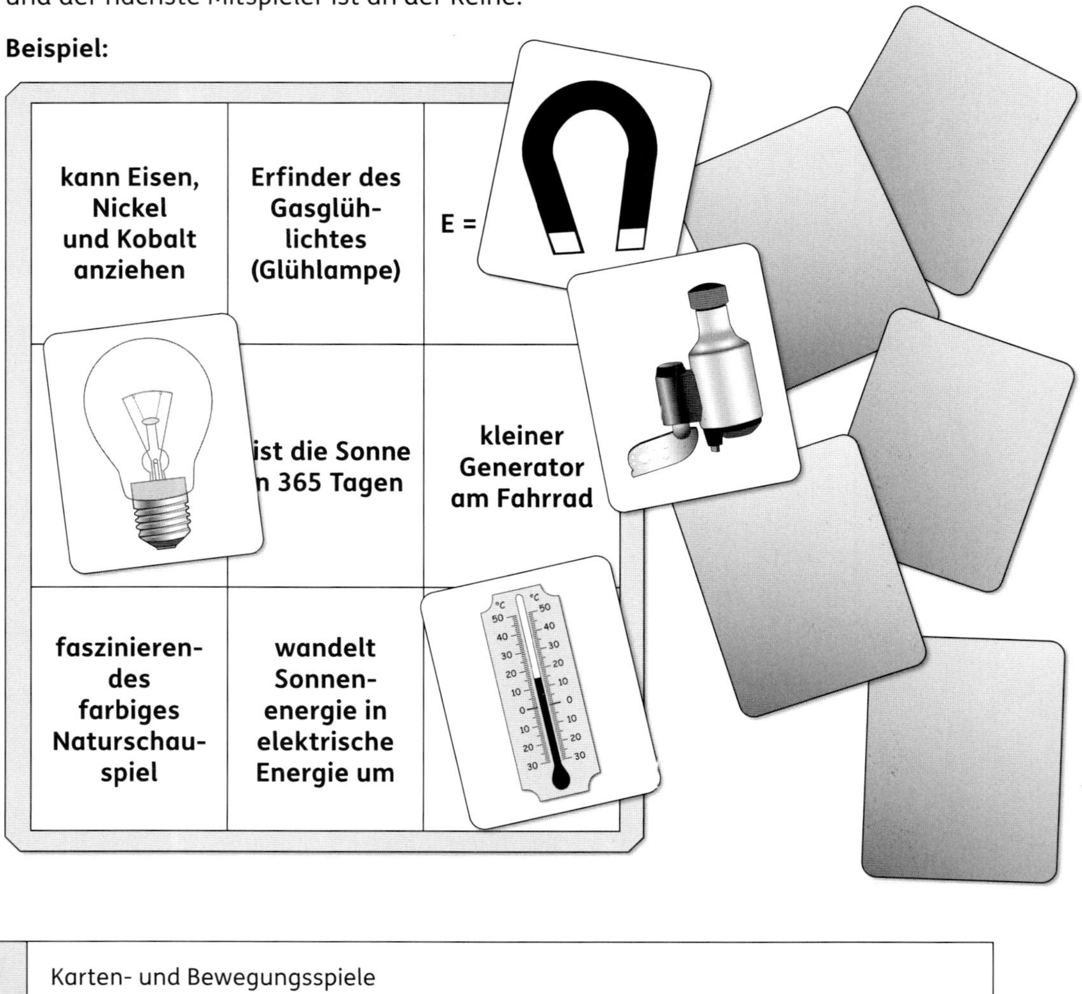

kann Eisen, Nickel und Kobalt anziehen	**Erfinder des Gasglühlichtes (Glühlampe)**	**E =**
	ist die Sonne n 365 Tagen	**kleiner Generator am Fahrrad**
faszinierendes farbiges Naturschauspiel	**wandelt Sonnenenergie in elektrische Energie um**	

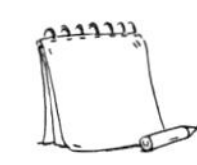 Stoppuhr

 keine

 Wiederholen und Sichern von Wissensinhalten, Kreativität

Spielverlauf:
Tische und Stühle sollten in U- oder L-Form aufgestellt sein, sodass sich immer zwei Schüler gegenübersitzen können. Die Klasse wird in zwei gleich große Gruppen aufgeteilt. Die erste Gruppe bildet den „äußeren Bereich". Die Schüler der zweiten Gruppe setzen sich jeweils einem Schüler des äußeren Bereichs gegenüber.
Auf Kommando haben die Schüler jeweils eine oder zwei Minuten Zeit, sich – bzw. ihr chemisches Wissen – kennenzulernen und mitzuteilen. Nach der am Anfang vereinbarten Zeit gibt der Lehrer ein Zeichen zum Wechseln. Dabei wechselt nur der innere Bereich, indem jeder Schüler auf den Platz links von ihm rückt. (Der „End-"Schüler des Innenbereichs sitzt nun dem „ersten" Schüler des Außenbereichs gegenüber.)

Variante 1:
Vom Lehrer wird ein Oberthema vorgegeben. Es wird zu diesem Thema fünf bis sieben Mal gewechselt.

Variante 2:
Eine Unterrichtsreihe wird in Unterthemen aufgeteilt. Nach jeweils drei Wechseln wird sich zu einem anderen Unterthema ausgetauscht.

 Karten mit Namen oder Abbildungen von Stoffen und Stoffgemischen (für jeden Schüler 3)

 Karten vorbereiten

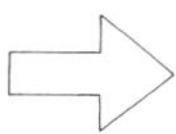 Motivierung und Aktivierung von Wissen, Arbeiten im Team

Spielverlauf:
Jedem Schüler werden drei Karten ausgeteilt. Jeder Schüler nimmt seine Karten und alle Schüler bewegen sich frei im Raum. Auf Zuruf verschiedener Eigenschaften durch die Lehrperson bilden sich „Atomgruppen".
Jede Gruppe überprüft die Richtigkeit ihrer „Atomteilchen".
Danach laufen alle wieder durcheinander, bis eine neue Eigenschaft zur Ordnung zugerufen wird.

Beispiele:
Mögliche Eigenschaften: Zustandsform bei Zimmertemperatur, Farbe, Reinstoff/Stoffgemisch, Metalle/Halogene/Sonstige, Säuren/Basen/Salze/Sonstige

Mögliche „Stoffe": Milch, Kochsalz, Zucker, Orangensaft, Apfelsaft, Zitronensaft, Essig, Kupferkanne, Bleiplatte, Eisenschraube, Messingknopf, Aluminiumtopf, Wasserdampf, Luft, Rauch

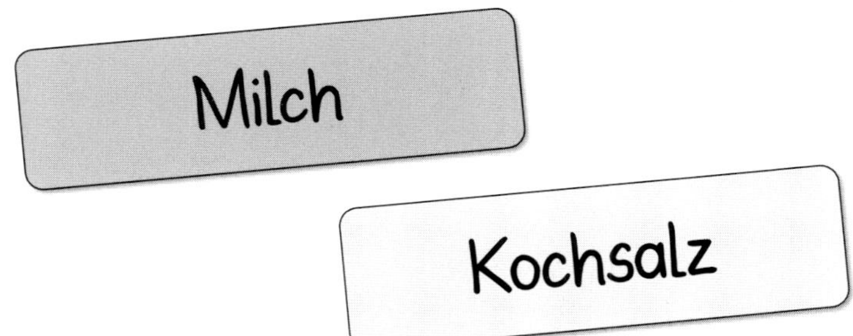

Quiz-Karten, Briefumschläge oder Klarsichtfolien für die Quiz-Karten, Lösungsblatt

10 bis 12 Quiz-Karten gestalten, ausdrucken und in Briefumschläge verpacken, Lösungsfeld vorbereiten

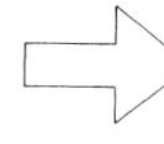
Wiederholen und Sichern von Wissen, Teamfähigkeit

Spielverlauf:
Die Klasse wird in vier Gruppen aufgeteilt. Vier Tische dienen als „Anlaufstelle“ und zur Lösungskontrolle. Je ein Gruppenmitglied sitzt an der „Anlaufstelle“ der gegnerischen Gruppe, d. h. ein Schüler aus Gruppe 1 kontrolliert bei Gruppe 2, ein Mitglied von Gruppe 2 kontrolliert bei Gruppe 3 usw.
Der Lehrer hat an seinen vier Tischecken die vier Umschläge mit den Quiz-Aufgaben für jede Gruppe bereitliegen.
Gleichzeitig geht jeweils ein Gruppenmitglied zum Lehrer, zieht eine Quiz-Karte aus dem Umschlag und gibt diese seiner Gruppe. Gemeinsam wird die Antwort überlegt. Danach zeigt der Schüler die Quiz-Karte am zugeordneten Kontrolltisch und nennt die Gruppen-Antwort.
Ist die Antwort falsch, geht er zurück zur Gruppe; es muss neu überlegt werden.
Ist die Aufgabe richtig gelöst, holt der nächste Schüler vom Lehrer eine weitere Quiz-Karte. Gewonnen hat die Gruppe, die zuerst alle Quiz-Aufgaben richtig gelöst hat.

Beispiele:
Es können themenbezogene Quiz-Aufgaben gestellt werden oder auch Aufgaben quer durch die Chemie.

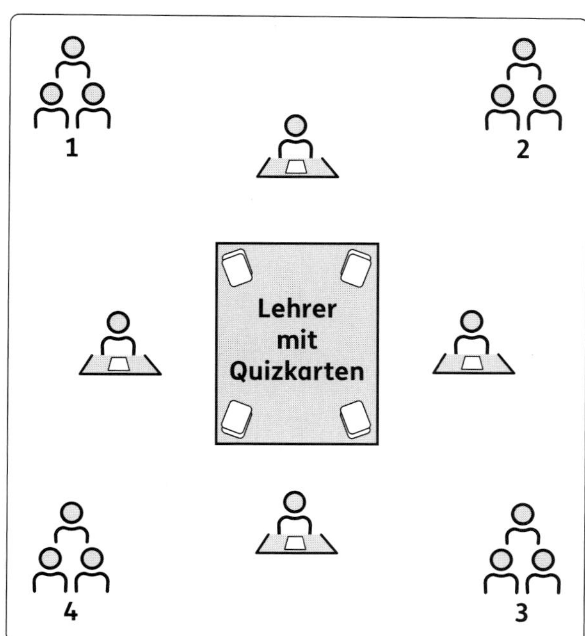

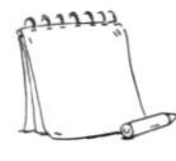

3 Schilder (fest, flüssig, gasförmig), Karten in doppelter Schüleranzahl in DIN A7-Format mit Stoffnamen und Temperaturangabe

3 „Schilder“ mit den Zustandsformen in DIN A4-Format laminiert anfertigen

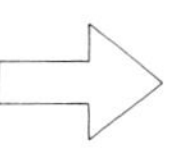

Wiederholung und Sicherung von Grundlagenwissen, Arbeiten mit Tabellen und Tafelwerk

Spielverlauf:
Laminierte Zustandsschilder an drei unterschiedlichen Plätzen im Raum anbringen. Die Karten werden gut gemischt. Vor jedem Schüler wird verdeckt eine Karte abgelegt. Auf Kommando drehen alle gleichzeitig ihre Karte um. Nun gilt es, so schnell wie möglich und ohne viel zu reden, mithilfe des Tafelwerkes herauszufinden, welchen Aggregatzustand der abgedruckte Stoff hat. Hat der Schüler den Zustand seines Stoffes ermittelt, legt er seine Karte unter dem entsprechenden Zustandsschild ab.

Hinweis:
Es wäre auch denkbar, jedem Schüler eine kopierte Tabelle (chemischer Stoff, Schmelztemperatur, Siedetemperatur) auszuhändigen. Dies hat den Vorteil, dass man auch „Fantasiestoffe“ einbauen kann, um so zu testen, ob die Bestimmung des Aggregatzustandes mithilfe markanter Temperaturen von den Schülern verstanden wurde. Für Genalium muss entsprechend die Siede- und Schmelztemperatur festgelegt sein (z. B. −43 °C, +352 °C).

Beispiele:

Eisen +54 °C	Wasser −32 °C	Stickstoff −48 °C
Kohlenstoff +35 °C	Silber +185 °C	Genalium +340 °C

Aufgaben, Farbkarten oder Farbbänder in vier verschiedenen Farben, Sicherheitsnadeln oder Wäscheklammern

12 bis 15 Aufgaben vorbereiten

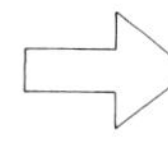
Aktivierung von Wissen, Wiederholen und Sichern von Wissensinhalten

Spielverlauf:
Die Klasse wird in vier gleich große Gruppen aufgeteilt. Je zwei Schüler einer Gruppe stellen sich in einer Raum-Ecke auf, sie bekommen das Farbband bzw. die Farbkarte angeheftet.
Vom Lehrer werden Fragen bzw. Aufgaben gestellt. Das Paar, das als Erstes richtig antwortet, kann bis zur nächsten Ecke gehen. Ist ein Paar wieder an seiner Ausgangsposition angekommen, darf es sich hinsetzen und die Gruppe stellt ein neues Paar. Sieger ist diejenige Gruppe, welche zuerst drei Runden geschafft hat.

Hinweis:
Es können themenbezogene „Quizaufgaben" gestellt werden oder auch Aufgaben quer durch die Chemie.

Beispiel:
Themenbezogene Aufgaben aus dem Bereich der Trennverfahren und Stoffgemische:
1. Nenne vier Trennverfahren.
2. Wie lassen sich wässrige Gemische trennen?
3. Salzkristalle werden in Wasser gelöst. Wie kannst du das entstandene Gemisch trennen?
4. Warum kann man Kochsalz nicht aus Wasser filtrieren?
5. Was ist der Unterschied zwischen Emulsion und Suspension?
6. Was ist der Unterschied zwischen Reinstoff und Stoffgemisch?
7. Bei welchen Trennverfahren werden Stoffbestandteile mit größerer Dichte nach außen geschleudert?
8. Welche Stoffeigenschaft nutzt man bei der Mülltrennung (Schrott)?